Referendariat Religion

Kompaktwissen für Berufseinstieg und Examensvorbereitung

Arthur Thömmes
Laura Enders

Cornelsen

Die Autoren
Arthur Thömmes, geb. 1956, ist Diplom-Theologe und arbeitet als Religionslehrer und Fachleiter. Er ist Autor zahlreicher pädagogischer Fachbücher und religionspädagogischer Praxishilfen.

Laura Enders unterrichtet katholische Religion, Deutsch und Deutsch als Fremdsprache an einer berufsbildenden Schule. Sie arbeitete und forschte am Lehrstuhl für Religionspädagogik und Katechetik an der Theologischen Fakultät Trier.

Projektleitung: Gabriele Teubner-Nicolai, Berlin
Redaktion: Daniela Brunner, Kleinenbroich
Umschlagkonzeption/-gestaltung: Ungermeyer, Berlin
Layout/technische Umsetzung: LemmeDESIGN, Berlin

www.cornelsen.de

1. Auflage 2017

Druck: AZ Druck und Datentechnik GmbH, Kempten

ISBN 978-3-589-15302-2

PEFC zertifiziert
Dieses Produkt stammt aus nachhaltig bewirtschafteten Wäldern und kontrollierten Quellen.
www.pefc.de

Inhalt

Statt eines Vorwortes

L. E.: Das hätte ich mir am Beginn meiner Lehrerausbildung nicht vorstellen können: Zwei Jahre nach meinem Referendariat schreibe ich gemeinsam mit meinem ehemaligen Fachleiter ein Buch.

A. T.: Ich schreibe ja am liebsten alleine, aber bei diesem Thema war diese Zusammenarbeit unbedingt notwendig.

L. E.: Dem stimme ich zu! In meinen Augen sind für einen Ratgeber für das Referendariat und den Berufseinstieg zwei Blickwinkel wichtig: Die eines (ehemaligen) Referendars und Berufseinsteigers sowie die eines Fachleiters und erfahrenen Lehrers.

A. T.: An wen richtet sich dieses Buch und was steht drin?

L. E.: Es ist ein Band in der Reihe „Fachreferendariat Sekundarstufe I und II“ und enthält „Kompaktwissen für Berufseinstieg und Examensvorbereitung“. Unser Band richtet sich an Referendare im Fach Religion.

A. T.: Wir haben bei unseren ersten Planungsgesprächen darüber diskutiert, welche Themen in das Buch hineingehören, damit die Referendare möglichst viel damit anfangen können. Dabei war es uns wichtig, dass es möglichst praxisorientiert angelegt sein sollte.

L. E.: Ja, Theorie habe ich im Laufe des Studiums genug gelernt. Im Referendariat geht es vor allem darum, darauf aufzubauen und das Handwerk des Religionslehrers zu erlernen. Und wie ein Handwerker in der Ausbildung muss auch ein Lehrer[1] in der Ausbildung viel experimentieren und üben. Und dazu bietet das Buch viele Anregungen und Ideen.

A. T.: Konkret heißt das: Der Leser findet zunächst Informationen zum evangelischen und katholischen „Religionsunterricht in Deutschland“, aber auch einige Hinweise zum konfessionell kooperativen Religionsunterricht und dem interreligiösen Lernen. Warum war dir das so wichtig?

L. E.: Als Religionslehrer müssen wir häufig Rechenschaft abgeben, wieso das Fach Religion für die Erziehung und Bildung der Heranwachsenden wichtig ist und welche

---

1 Aus Gründen der besseren Lesbarkeit wird in diesem Buch die männliche grammatische Form verwendet. Es sind aber damit auch immer Frauen und Mädchen gemeint, also: Referendarinnen, Lehrerinnen, Schülerinnen etc.

Chance dieses Unterrichtsfach in seinen unterschiedlichen Facetten hat. Dazu bieten dem Leser Informationen über die rechtlichen Grundlagen, die Umsetzungsmöglichkeiten und ein Plädoyer für den Religionsunterricht einige hilfreiche Hinweise.

A.T.: In einem umfangreichen Kapitel geht es um das zentrale Thema des Buches, das Planen, Gestalten und Reflektieren des Religionsunterrichts. Und natürlich beschäftigen wir uns auch mit der Frage, was ein guter Religionsunterricht ist.

L.E. Das habe ich in meiner Ausbildung zur Religionslehrerin gelernt: Ein lebensnaher und fachlich fundierter Religionsunterricht ist vor allem kompetenzorientiert. Und er orientiert sich an den Schülern und nicht in erster Linie an einem Thema.

A.T.: Ich hoffe, dass unsere Ausführungen zur Kompetenzorientierung verständlich und anregend formuliert sind. Denn dieses Umdenken ist ein großes Problem für viele Referendare. Ich bastle eine Stunde nicht einfach nur mit Materialien und Medien zusammen, sondern plane vom Ende her.

L.E.: Dazu bieten wir praxisnahe Informationen, die ergänzt werden durch Themen wie Unterrichtsentwurf, Lehrplan, Schulbuch oder Benotung. Aber auch zur Balance zwischen Emotion und Kognition haben wir einige Tipps.

A.T.: Als Methodiker hat mir natürlich das Schreiben des Kapitels zur Methodenkompetenz besonders viel Spaß gemacht.

L.E. Das Kapitel ist wie eine Fundgrube, in der sicher für jeden Referendar etwas dabei sein wird: Unterrichtseinstiege, Unterrichtsgespräche, kreative Textarbeit, die Arbeit mit Musik, Bildern und Filmen und Anregungen für die Abschlussphase sind u.a. hier zu finden.

A.T.: Und dann darf natürlich nicht das Thema „Prüfungen" fehlen.

L.E.: Ein schwieriges Thema, denn die Referendarzeit ist zugepflastert mit Prüfungssituationen. Das habe ich selbst so erlebt. Ich hoffe, unsere Anregungen zu Unterrichtsbesuchen, Lehrproben und dem Staatsexamen sind hilfreich.

A.T.: Und schließlich haben wir noch einige konkrete Impulse zur Gestaltung des Schul- und Seminaralltags zusammengestellt.

L. E.: Ich denke, die Anregungen zur kollegialen Kooperation, Schulseelsorge, Beziehungsarbeit, zum Konflikt- und Zeitmanagement und zu Hospitation oder Lust und Frust sind wirklich hilfreich und können so manche Unsicherheit lösen.

A. T.: Für mich war dabei besonders wichtig, dass ein Religionslehrer ein persönliches Leitbild haben sollte. Ein pädagogisches Konzept, das seine Arbeit als Religionslehrer prägt.

L. E.: Und ganz am Schluss einer deiner Leitsätze: „Ein Lehrer sollte immer Jäger und Sammler bleiben!"

A. T.: Und dazu haben wir einige Literaturtipps und Hinweise zu Materialseiten im Internet zusammengestellt.

L. E. – A. T.: So, es ist vollbracht. Und nun können wir den Lesern zuletzt viel Spaß und gute Erkenntnisse beim Lesen dieses Buches wünschen. Und denken Sie daran: In der Ruhe liegt die Kraft!

Arthur Thömmes (A. T.) und Laura Enders (L. E.)

1 Der Religionsunterricht in Deutschland

1.1 Rechtliche Rahmenbedingungen

Die wichtigsten Rechtsgrundlagen für den Religionsunterricht sind das Grundgesetz der Bundesrepublik Deutschland, die jeweiligen Landesverordnungen, die Schulgesetze der Länder sowie die Verordnungen und Richtlinien, die von den jeweiligen Ministerien der Länder für den Unterricht erlassen wurden. Speziell für den katholischen Religionsunterricht sowie die Qualifizierung von Religionslehrern müssen zudem die staatskirchenrechtlichen Bestimmungen Beachtung finden (KMK 2002, 6–7).

Der Religionsunterricht ist das einzige Fach, das in der Verfassung verankert ist. Alle für den Religionsunterricht betreffenden Richtlinien fußen in Artikel 7 des Grundgesetzes.

> Nach Art. 7 Abs. 3 GG ist der Religionsunterricht ordentliches Lehrfach, das „in Übereinstimmung mit den Grundsätzen der Religionsgemeinschaften" erteilt wird.

Eine Ausnahme stellen die bekenntnisfreien Schulen dar. „Die Vorschrift des Artikels 7 Abs. 3 S.1 GG findet nach Artikel 141 GG (sog. „Bremer Klausel") keine Anwendung in einem Land, in dem am 01.01.1949 eine andere landesrechtliche Regelung bestand" (KMK 2002, 6). Diese Länder sind Berlin, Brandenburg und Bremen. Eine weitere Ausnahme bildet Hamburg.

Durch die Verortung im Grundgesetz ist der Religionsunterricht ein Schulfach wie jedes andere und trägt zur schulischen Bildung bei. Er wird im Rahmen des Bildungs- und Erziehungsauftrages der öffentlichen Schulen erteilt. Da aber nach Art. 7 Abs. 1 das ganze Schulwesen unter der Aufsicht des deutschen Staates steht, der Religionsunterricht aber nur mit der Übereinstimmung der religiösen Grundsätze erteilt werden darf, muss es zu einer engen Kooperation zwischen Staat und Kirche kommen (Hollerbach 1997, 138). Während der Staat für die logistischen, personellen und finanziellen Voraussetzungen verantwortlich ist, ist die Kirche für die Ausbildung der Lehrkräfte und die Inhalte des Unterrichts verantwortlich (ebd., 137). So ist der Religionsunterricht eine sogenannte res mixta. Der Staat wie auch die Kirchen tragen Verantwortung für den Religionsunterricht und seine Umsetzung. Religiöse Bildung wird also von Staat und Kirche verantwortet. „Jeder Religionslehrer muss sich daher an die Vorgaben und Bestimmungen des Staates halten, und im Sinne der Partnerschaft von Staat und Kirche muß die Kirche ein Interesse haben, daß der Religionsunterricht dies tut." (Sekretariat der deutschen Bischofskonferenz 1983, 5) Aus dieser Tatsache ergeben sich folgende Punkte:

1. Der deutsche Staat ist religiös neutral und darf und kann sich daher kein Urteil über Glaubensfragen oder Glaubensbekenntnisse bilden. Daher muss die Kirche beim Religionsunterricht mitwirken.
2. Wenn der Religionsunterricht „in Übereinstimmung mit den Grundsätzen der Religionsgemeinschaften" unterrichtet werden soll, so verweist dies auf einen konfessionsgebundenen Religionsunterricht. Lehrpläne wie Richtlinien müssen mit den Grundsätzen der Kirche übereinstimmen und festgelegt werden.
3. Der Religionsunterricht ist ordentliches Lehrfach. Das heißt, Religionsunterricht ist nicht einfach zu wählen bzw. man kann sich nicht aus Belieben für Religion oder ein Ersatzfach entscheiden. Religion ist kein Wahlfach, sondern ein Pflichtfach.

An dieser Stelle ist jedoch Art. 4 Abs. 1 des Grundgesetzes in Betracht zu ziehen: Die Glaubens- und Gewissensfreiheit. Kein Schüler darf gegen seinen Willen gezwungen werden, an einem konfessionell gebundenen Religionsunterricht teilzunehmen. Aus Glaubensgründen kann er sich vom Religionsunterricht abmelden und einen Ersatzunterricht besuchen. Bei nicht religionsmündigen Schülern haben nach Art. 7 Abs. 2 GG die Erziehungsberechtigten das Recht, „über die Teilnahme des Kindes am Religionsunterricht zu bestimmen". Ist ein Kind 12 Jahre oder älter, so muss das Kind der Entscheidung der Eltern zustimmen. In 14 Bundesländern ist ein Jugendlicher mit 14 Jahren religionsmündig und kann selbst über die Teilnahme am Religionsunterricht entscheiden. Im Saarland und in Bayern ist die Religionsmündigkeit erst mit 18 Jahren gegeben.

Man kann demnach aus speziellen Gründen vom Religionsunterricht befreit werden. In den meisten Bundesländern wird anstelle von Religion ein Ersatzunterricht wie beispielsweise Ethik oder Philosophie angeboten. Ein Ausfall der Stunde und damit eine Freistunde sollte jedoch keine Alternative sein, da jeder Mensch ein Recht auf christliche Erziehung hat (CIC, 217/1983). Dieser Pflicht kommen Eltern, Kirche, Schulen und Lehrer gleichermaßen nach.

Der konfessionelle Religionsunterricht

Der konfessionelle Religionsunterricht stellt die ursprüngliche und gesetzte Form der Umsetzung des katholischen wie evangelischen Religionsunterrichtes dar. Mehrere Elemente bestimmten den konfessionell gebundenen Religionsunterricht:

1. Lehrer benötigen eine Unterrichtserlaubnis, um Religion zu unterrichten. In der katholischen Kirche ist dies die „Missio Canonica", in der evangelischen Kirche die „Vocatio". Ferner darf kein Lehrer gegen seinen eigenen Willen verpflichtet werden, Religionsunterricht zu erteilen.
2. Wenn Religion in Übereinstimmung mit den Grundsätzen der jeweiligen Religion erteilt wird, dann müssen die Kirchen bei der inhaltlichen Gestaltung der Unterrichtsinhalte mitwirken dürfen. Dies sind beispielsweise Bestimmungen für die Inhalte von Lehrplänen und Lehrbüchern.
3. Während der Staat das ganze Schulwesen beaufsichtigt, gibt es auch auf Seiten der Kirche eine Aufsicht, die prüft, ob der Religionsunterricht in Übereinstimmung mit den eigenen religiösen Grundsätzen erteilt wird (Hollerbach 1997, 139).
4. „Für den katholischen Religionsunterricht gilt, dass über die Konfessionszugehörigkeit der Lehrenden und die Bildung der Inhalte des Religionsunterrichts an die Grundsätze der Kirche hinaus auch die Schülerinnen und Schüler der Katholischen Kirche angehören." (Die Deutsche Bischofskonferenz und die Evangelische Kirche in Deutschland 1998)

Der konfessionell-kooperative Religionsunterricht

163 katholische und evangelische Religionspädagogen aus Forschung und Lehre unterzeichneten 2016 ein Positionspapier mit dem Titel „Konfessionell, kooperativ, kontextuell – Weichenstellungen für einen zukunftsfähigen Religionsunterricht". Darin gehen sie davon aus, dass das Zusammenleben von Menschen mit unterschiedlichen kulturellen, religiösen und weltanschaulichen Hintergründen unsere Gesellschaft vor große Herausforderungen stellt. Dabei kann der Religionsunterricht einen wichtigen Beitrag leisten, indem junge Menschen lernen, religiös sprachfähig und dialogbereit zu werden und im Bereich der Religion begründet zu urteilen.

„Im Religionsunterricht wird so gezeigt, wie Menschen heute in aufgeklärter Weise mit Religion und Glauben leben können. Er fördert die Fähigkeit, sich mit Anderen und Andersgläubigen angesichts von religiöser, kultureller und sozialer

Vielfalt über religiöse Fragen auszutauschen und zu verständigen. Inmitten der Fragen nach dem, was zählt sowie nach Sinn und Glück werden die Schüler in ihren Suchbewegungen ernst genommen, unterstützt und begleitet. Sie erhalten in einer religiös zunehmend pluralen Welt Orientierungshilfen und werden befähigt, im Austausch mit anderen zu einer eigenen Positionierung zu finden."

Damit der Religionsunterricht zukunftsfähig bleibt, muss er konzeptionell und organisatorisch weiterentwickelt werden. Dazu benennen die Religionspädagogen drei Profilmerkmale:

- Der Religionsunterricht der Zukunft ist konfessionell.
  „In einem bekenntnisbezogenen, konfessionellen Religionsunterricht kommen religiöse Fragen und Themen so ins Spiel, wie es den Religionen in ihrer Eigenart als Lebensüberzeugungen entspricht."
- Der Religionsunterricht der Zukunft ist kooperativ.
  Dazu sollte die konfessionelle Zusammenarbeit im Religionsunterricht weiter ausgebaut, gefördert und institutionell gestützt werden. Dies erfordert auch verstärkte Vernetzungen und kreative Zusammenarbeit mit den sogenannten Alternativfächern des Religionsunterrichts und mit dem Unterricht anderer Religionen.
- Der Religionsunterricht der Zukunft ist kontextuell.
  Auch das jeweilige Umfeld der Schulen muss berücksichtigt werden. Dazu sollten religionsunterrichtliche Konzepte und Organisationsformen entwickelt werden. „Ein Konzept, das Religionsunterricht primär in Abhängigkeit vom Zustandekommen genügend großer Konfessionsgruppen denkt, erweist sich aus Bildungsperspektive und aufgrund der skizzierten ökumenischen Erfahrung als nicht ausreichend."

Um einen konfessionellen Religionsunterricht in kooperativer Orientierung und kontextueller Abstimmung gewährleisten zu können, sind gemeinsame deutschlandweite Standards und Gestaltungsspielräume notwendig.

Auch die katholischen Bischöfe in Deutschland veröffentlichten neue Empfehlungen für den Religionsunterricht („Die Zukunft des konfessionellen Religionsunterrichts. Empfehlungen für die Kooperation des katholischen mit dem evangelischen Religionsunterricht"). Zu den Aufgaben und Zielen formulieren sie: „Der konfessionelle Religionsunterricht zielt über die Vermittlung von Kenntnissen und Fähigkeiten im Umgang mit dem christlichen Glauben und anderen Religionen auf die Entwicklung religiöser Orientierungsfähigkeit im persönlichen und gesellschaftlichen Leben." Dabei plädieren die Bischöfe für einen konfessionellen Religionsunterricht in ökumenischem Geist und sprechen sich für eine stärkere Zusammenarbeit mit der evangelischen Kirche aus. Bei einer solchen erweiterten Kooperation mit dem evangelischen Religionsunterricht „in gemischt-konfessionellen Lerngruppen" gehe es aber nicht um eine Auflösung des konfessionellen Religionsunterrichts oder um eine Verschmelzung beider Fächer zu einem christlichen Religionsunterricht".

Für die Bischöfe ist es grundlegend, dass der Religionsunterricht in Deutschland einen klaren rechtlichen Rahmen hat, der eingehalten werden muss. Das Grundgesetz, die Konkordate und Urteile des Bundesverfassungsgerichts sähen ausdrücklich einen konfessionellen Unterricht vor.

In Baden-Württemberg und Niedersachsen gibt es bereits seit einigen Jahren gute Erfahrungen mit dem Angebot des konfessionell-kooperativen Religionsunterrichts, dessen verbindlicher Rahmen in entsprechenden Vereinbarungen festgelegt ist.

Aufsätze, Materialien, Vorträge und Dokumente zum Thema finden sich auf der Internetseite des Religionspädagogischen Instituts Loccum: www.rpi-loccum.de/material/koko

Ausblick/Exkurs: Interreligiöses Lernen

Nicht erst seit dem 11. September 2001 wird dem interreligiösem Dialog und damit dem interreligiösen Lernen eine Bedeutung zugesprochen. Schon immer gab es Migration und Integration. Doch es scheint so, dass dieses Themenfeld in vielen Bereichen in den Hintergrund gerückt ist. Bereits das Zweite Vatikanische Konzil hat offensichtlich auf den Dialog und die Verständigung mit anderen, nichtchristlichen Religionen hingewiesen. Das Zusammenleben in einer multireligiösen und multikulturellen Gesellschaft gelingt nur, wenn ein gegenseitiges Interesse vorhanden ist.

In der Schule treffen Menschen unterschiedlicher Religionen und Kulturen auf kleinstem Raum aufeinander. Die Auseinandersetzung mit dem Anderen, meist Fremden, wird somit zu einer wichtigen Aufgabe des schulischen Alltags. Das Zusammenleben und -lernen gelingt nur dann, wenn die Schüler die eigene und die anderen Religionen und Kulturen kennenlernen. Dabei kann der Religionsunterricht die dafür notwendigen Kenntnisse, Fähigkeiten und Erfahrungen vermitteln.

Viele Kinder und Jugendliche sind nicht mehr oder kaum religiös bzw. christlich sozialisiert. Sie haben kaum Begegnungen mit religiösen Riten und Praktiken. Somit fehlt auch der Bezug zur Institution Kirche und zu kirchlichen Amtsträgern und Mitarbeitern. Eine religiöse Identität kann sich nicht entwickeln. Daher liegt im Interkulturellen Religionsunterricht eine Chance, unterschiedliche Welt- und Glaubensvorstellungen kennenzulernen.

Dass ein interreligiöser Religionsunterricht umgesetzt werden kann, zeigt das Projekt „Verschiedenheit achten – Gemeinsamkeit stärken" an der Theodor-Heuss-Schule in Offenbach. Vor diesem Projekt waren die Schüler es gewohnt, konfessionsgebunden in den Fächern Religion oder Ethik unterrichtet zu werden. Dies verstärkte die Ansicht, dass Religionen trotz aller Bemühungen doch trennen. Das Projekt sieht vor, dass alle Schüler, egal welchen Glaubens, gemeinsam von einem Lehrerteam, das aus einer evangelischen Pfarrerin, einem katholischen Religionslehrer, einer Ethik-Lehrerin und einer muslimischen Lehrerin besteht, unterrichtet werden. So fungieren die Lehrer nicht nur als solche, sondern aufgrund ihrer Sozialisation und ihres Glaubens als Experten. Wo andere Menschen Hürden sehen und Religionen und das damit verbundene Zusammenleben als unvereinbar halten, ist es für diese Schüler nach eigenen Angaben „normal", dass sie gemeinsam unterrichtet werden sowie miteinander und voneinander lernen.

In vielen Ländern wird der Versuch unternommen, den konfessionsgebundenen Religionsunterricht – aus welchen Gründen auch immer – aufzuheben. Dennoch muss auf die Vorgaben der Kirchen geachtet werden.

Als Religionslehrer und auch als Schüler, der an einem Religionsunterricht teilnimmt, muss man sich die Frage stellen, ob Kooperativer oder Interreligiöser Religionsunterricht die eigene Religion oder Konfession verwässert oder eher stärkt.

> Wie wird der Religionsunterricht der Zukunft aussehen? Sie können als Religionslehrer dabei helfen, neue Formen des Religionsunterrichts zu entwickeln und konkret umzusetzen.

> **Tipp**
> Das Bischöfliche Generalvikariat Münster hat eine interessante Zusammenstellung von 14 Fallbeispielen mit rechtlichen Fragen aus dem Schulalltag zum

katholischen Religionsunterricht und rechtliche Lösungsvorschläge erarbeitet. Diese heißt: Religionslehrer/innen wissen Bescheid. Rechtsfragen zu Religionsunterricht und Schulgottesdienst in der Sekundarstufe I.

1.2 Ein Plädoyer für den Religionsunterricht in der Schule

Für beide Kirchen ist der Religionsunterricht ein wesentliches Element ihrer Bildungsverantwortung. Die Stimmen für die Abschaffung des Religionsunterrichts oder die Einführung eines Ersatzfaches an öffentlichen Schulen (z. B.: Werte und Normen, Lebensgestaltung-Ethik-Religionskunde) sind mittlerweile vielgestaltig und werden immer lauter. Für einen Religionslehrer ist es daher wichtig, dass er sich die Bedeutung des Faches im schulischen Fächerkanon immer wieder bewusst macht.

Es gibt einige Gründe, die für die Erteilung von Religionsunterricht an Schulen sprechen:

Den christlichen Glauben kennenlernen: Im Religionsunterricht lernen die Schüler zunächst einmal den christlichen Glauben und die biblische Tradition kennen. Kirchliche Feste, christliche Rituale, Heilige, die Schöpfungsgeschichte, Gottesbilder, die zehn Gebote, Sakramente, Gleichnisse sind einige der typischen religiösen Inhalte. Mit dem Kennenlernen und Verstehen des christlichen Glaubens wird eine Grundlage gelegt für eine tragfähige Glaubenspraxis. Ausgehend vom Synodenbeschluss zum Religionsunterricht, soll der Glaube „im Kontext des Lebens vollziehbar, und das Leben soll im Licht des Glaubens verstehbar werden".

Weiter heißt es im Synodenbeschluss zum Religionsunterricht: „Er weckt und reflektiert die Frage nach Gott, nach der Deutung der Welt, nach Sinn und Wert des Lebens und nach den Normen für das Handeln des Menschen und ermöglicht eine Antwort aus der Offenbarung und aus dem Glauben der Kirche. Er macht vertraut mit der Wirklichkeit des Glaubens und der Botschaft, die ihm zu Grunde liegt und hilft, den Glauben denkend zu verantworten. Er befähigt zu persönlicher Entscheidung in Auseinandersetzung mit Konfessionen und Religionen, mit Weltanschauungen und Ideologien und fördert Verständnis und Toleranz gegenüber der Entscheidung anderer. Er motiviert zu religiösem Leben und zu verantwortlichem Handeln in Kirche und Gesellschaft." (Synodenbeschluss, 146–147)

Den eigenen religiösen Standort finden: Es geht im Religionsunterricht immer wieder um die großen Fragen des Lebens: Wer bin ich? Woher komme ich? Welchen Sinn hat mein Leben? Was kommt nach dem Tod? Das sind die zentralen Fragen des Lebens, die im Religionsunterricht auf der Grundlage des christlichen Glaubens behandelt werden. So werden die Kinder und Jugendlichen zu Sinnscouts, zu Suchern und Entdeckern.

Mit dem Kennenlernen und der Auseinandersetzung mit dem christlichen Glauben und unterschiedlichen Weltanschauungen sollen die Kinder und Jugendlichen ihren eigenen religiösen und christlichen Standort finden. In der Verknüpfung mit der eigenen Lebenswirklichkeit kann die religiöse Überzeugung dabei hilfreich sein, einen Sinn und Halt für das eigene Leben zu finden.

Hilfe zur Persönlichkeits- und Identitätsbildung: Kinder und Jugendliche brauchen bei der Entwicklung ihrer persönlichen Identität Orientierung und Halt. Der Religionsunterricht kann sie dabei unterstützen, indem sie sich mit unterschiedlichen Lebensmodellen und -formen auseinandersetzen. Dazu gehören auch die Fragen und Themen von Religion und Glauben. Der Religionsunterricht orientiert sich dabei an der Lebenswelt der Kinder und Jugendlichen. Hierbei hat der Religionslehrer die Schüler mit ihren Erfahrungen und Fragen immer im Blick und bietet Hilfen für ein authentisches und selbstbestimmtes Leben. Dabei spielen nicht nur die Stärken und Erfolge eine Rolle, sondern auch die Niederlagen und das Scheitern.

Werteorientierung: Werte geben dem einzelnen Menschen Orientierung und Halt. Sie bieten Hilfen für ein friedliches Zusammenleben. Auch das Grundgesetz orientiert sich an christlich-ethischen Werten. Der Religionsunterricht kann deutlich machen, dass christliche Werte (z. B.: Nächstenliebe), die uns die Bibel in vielen Geschichten des menschlichen Lebens präsentiert, auch heute noch ihre Gültigkeit haben. So ist beispielsweise die Goldene Regel eine religionsübergreifende Anregung für ein sinnvolles Leben in Gemeinschaft. So kann die Entwicklung eines Wertebewusstseins für die jungen Menschen hilfreich sein, um ihr zukünftiges Leben zu bewältigen.

> „Der Religionsunterricht erzieht zur Bereitschaft, Verantwortung für sich selbst und für andere zu übernehmen. Er vermittelt die dazu notwendigen Normen und

Werthaltungen und eröffnet Zugänge zu einem Gemeinwesen orientierten Auftreten und Engagement."
(Zehn gute Gründe für den Religionsunterricht)

Modelle gelingenden Lebens: Die Kinder und Jugendlichen hören und lesen im Religionsunterricht die Geschichten und Texte der Bibel. Sie erzählen von Menschen und ihrer Geschichte mit Gott, von den Höhen und Tiefen, den Ängsten und Freuden, die das Leben ausmachen. Beispielhaft werden im Alten und Neuen Testament Menschen vorgestellt, die aufgrund ihres Glaubens und Gottvertrauens ihr Leben sinnvoll gestalten. Gleichzeitig wird aber auch das Scheitern und Verzweifeln in menschlichen Begegnungen und Erlebnissen vorgestellt. Hier besteht die Möglichkeit, im Religionsunterricht diese alten Erfahrungen neu aufleben zu lassen und sie in die Lebenswelt der Schüler hineinzunehmen.

Religiöse und ethische Urteilsbildung: In vielen unterschiedlichen Themenbereichen setzen sich die Schüler im Religionsunterricht mit ethischen Fragestellungen auseinander (z. B.: Sterbehilfe, Gewissensbildung, Verantwortung, Suizid, Freiheit). Dabei werden Entscheidungssituationen in den Blick genommen, bei denen die Schüler Schritt für Schritt eine ethische Urteilsbildung einüben. Diese ethische Entscheidungskompetenz steht im Zusammenhang mit bedeutenden Fragen des Lebens und Sterbens. Dabei versucht der Religionsunterricht, menschliche Werte sowie Normen, Sach-, Sinn- und Lebensfragen lebensnah zu entfalten.

In der Auseinandersetzung mit Motiven und Folgen menschlichen Handelns wird das ethische Denken Schritt für Schritt trainiert.

Bewahrung der Schöpfung: Der Klimaschutz ist in aller Munde. Die Erderwärmung ist seit Jahren ein wichtiges Thema. Die Bewahrung der Schöpfung und unseres Lebensraumes ist eine wichtige Botschaft der Bibel. Sie regt uns dazu an, wie wir mit den Ressourcen der Erde verantwortlich umgehen können. Somit fördert der Religionsunterricht das verantwortliche Denken der Heranwachsenden.

Stärkung der Kommunikationsfähigkeit: Der Religionsunterricht fördert das soziale Lernen und die Kommunikationsfähigkeit der Schüler. Das bezieht sich zunächst auf die Bedeutung der Unterrichtsgespräche. Viele Themen des Religionsunterrichts sollen nicht nur erlernt und verinnerlicht werden, sondern verlangen eine kritische Auseinandersetzung. Durch argumentatives Begründen lernen die Schüler, Meinungen und Überzeugungen abzuwägen und durch kritische Auseinandersetzung einen eigenen Standpunkt zu finden und zu vertreten. Das geschieht vor allem im kommunikativen Austausch über Erfahrungen und Deutungsmuster. Somit wird auch das soziale Lernen angeregt und konkret eingeübt.

Fremdes kennenlernen: Die Schüler kommen in ihrem Alltag und in der Schule mit Menschen aus anderen Kulturkreisen zusammen, die eine andere religiöse Überzeugung haben. Sie erfahren auch, dass das Miteinander manchmal geprägt ist von Vorurteilen und Unverständnis bis hin zur Angst vor dem Fremden oder von Hass.

Der Religionsunterricht kann ein Ort werden, an dem geredet und diskutiert wird, wenn nicht nur die Unterschiede der jeweiligen Religionen, sondern auch die Gemeinsamkeiten hervorgehoben werden. Er will die Kinder und Jugendlichen dialogfähig machen, indem Menschen mit anderer religiöser Überzeugung respektvoll behandelt werden. Hier kann der Religionsunterricht in den Alltag der Schüler hineinwirken und so einen Beitrag leisten zum friedlichen Zusammenleben in unserer Gesellschaft.

Die Vergangenheit kennen, um die Gegenwart zu verstehen: Die jüdisch-christliche Kultur und Geschichte Deutschlands kann ohne eine Kenntnis der Religionen nicht verstanden werden. Über Jahrhunderte wurden Werte entwickelt und haben das Zusammenleben entscheidend geprägt. Dies sollte nicht in Vergessenheit geraten. Daher sollte es dem Religionsunterricht gelingen, diese Überlieferungen mit der aktuellen Situation zu verknüpfen, weil diese Erfahrungen uns auch heute noch helfen können, Antworten und Hilfestellungen für ein gelingendes Leben zu finden.

Tipps und Tricks

- Machen Sie sich selbst im Gespräch mit Ihren Kollegen (z. B. in der Fachkonferenz) deutlich, warum der Religionsunterricht an Ihrer Schule bedeutsam ist. Dabei überzeugt vor allem ein guter, kreativer und lebensnaher Unterricht.
- Holen Sie sich immer wieder Rückmeldungen von Ihren Schülern und seien Sie selbstkritisch, was Ihren eigenen Religionsunterricht betrifft.

Literatur

BISCHÖFLICHES ORDINARIAT MAINZ (2005) (Hrsg.): Interreligiöses Lernen im Religionsunterricht. Arbeitshilfe für Religionsunterricht Nr. 2, http://downloads2.bistum-mainz.de/4/390/1/11523842964750799.pdf

DIE DEUTSCHE BISCHOFSKONFERENZ UND DIE EVANGELISCHE KIRCHE IN DEUTSCHLAND (EKD) (1998): Zur Kooperation vom Evangelischen und Katholischen Religionsunterricht. Bonn/Hannover.

EVANGELISCHE KIRCHE IN DEUTSCHLAND (1994): Identität und Verständigung. Standort und Perspektiven des Religionsunterrichtes in der Pluralität. Eine Denkschrift der Evangelischen Kirche in Deutschland, https://www.ekd.de/download/identitaet_und_verstaendigung_neu.pdf

HOLLERBACH, ALEXANDER (1997): Der Religionsunterricht als ordentliches Lehrfach an den öffentlichen Schulen in der Bundesrepublik Deutschland. In: BIESINGER, ALBERT / HÄNLE, JOACHIM u. a. (1997): Gott – mehr als Ethik. Der Streit um LER und Religionsunterricht. Freiburg/Basel/Wien, 133–146.

SEKRETARIAT DER DEUTSCHEN BISCHOFSKONFERENZ (1974) (Hrsg.): Der Religionsunterricht in der Schule. Ein Beschluss der Gemeinsamen Synoden der Bistümer in der Bundesrepublik Deutschland. Bonn. www.dbk.de → Veröffentlichungen

SEKRETARIAT DER DEUTSCHEN BISCHOFSKONFERENZ (1983) (Hrsg.): Kommission für Erziehung und Schule: Zum Berufsbild und Selbstverständnis des Religionslehrers. Grundfragen des Berufsbildes und des Selbstverständnisses der Religionslehrer unter Berücksichtigung der heutigen Situation in Schule und Kirche (3), Bonn.

SEKRETARIAT DER STÄNDIGEN KONFERENZ DER KULTUSMINISTER DER LÄNDER IN DER BUNDREPUBLIK DEUTSCHLAND (KMK) (2002): Zur Situation des Katholischen Religionsunterrichts in der Bundesrepublik Deutschland. Bericht der Kultusministerkonferenz vom 13. 12. 2002, Berlin. www.kmk.org

Internet

www.katecheten-verein.de → Informationen → Stellungnahmen und Erklärungen des dkv

Zehn gute Gründe für den Religionsunterricht, Evangelisch-Lutherische Landeskirche Hannover: https://www.landeskirche-hannovers.de/evlka-de/wir-fuer-sie → Kinder/Kita und Schule → Religion Schule

www.uni-bamberg.de, Positionspapier zur Zukunft des Religionsunterrichts

Sekretariat der Deutschen Bischofskonferenz (2016) (Hrsg): Die Zukunft des konfessionellen Religionsunterrichts, Empfehlungen für die Kooperation des katholischen mit dem evangelischen Religionsunterricht. Bonn: www.dbk-shop.de

https://schulen.drs.de, Neue Broschüre zu den rechtlichen Regelungen zur Konfessionellen Kooperation (Januar 2017)

2 Religionsunterricht planen, gestalten und reflektieren

2.1 Fragen und Themen

Die Fragen und Themen in der Religionspädagogik und Fachdidaktik sind vielfältig und werden von den Fachwissenschaftlern und Schulpraktikern diskutiert. Dabei ergeben sich die Themen meist aus dem Zusammenspiel von Schulform, Altersstufe und Vorgaben aus dem Lehrplan. In der Grundschule werden andere Fragen diskutiert als in der gymnasialen Oberstufe.

Aktuelle Fragen sollten in der Fachdidaktik im Studienseminar behandelt werden. Sprechen Sie Ihren Fachleiter an, wenn für Sie Themen relevant und interessant für Ihren Unterricht sind. Hilfreiche Informationen und Anregungen erhalten Sie z. B. in den fachdidaktischen Zeitschriften.

2.2 Wie Jugendliche ticken

> Als Religionslehrer sollten wir uns für die Lebenswelt der Jugendlichen interessieren. Was fühlen, denken und glauben sie? Wie gehen sie mit ihren Stärken und Schwächen um? Welchen Plan haben sie von ihrem Leben?

Mit diesen Fragen setzt sich die Jugendforschung seit den 1950er-Jahren mithilfe einer Vielzahl an Untersuchungen auseinander. Dabei ergibt sich ein buntes Bild von der Jugend: skeptisch, unbefangen, kritisch, optimistisch, pragmatisch. Man bezeichnete sie als die No-Future-Generation, als Generation Golf, Generation X, Generation Aufbruch, Generation Praktikum oder neuerdings als Generation Kopf unten oder Generation What?

Anregende Beispiele bieten die SINUS-Jugendstudie 2016 und die Shell Jugendstudie aus dem Jahr 2015. Sie geben einen interessanten Einblick in die Lebenswelten Jugendlicher („Wie tickt die Jugend?").

So wird die Jugend in der Shell-Studie als „Jugend im Aufbruch" beschrieben: „Jugendliche stehen den Anforderungen, die Alltag, Beruf und Gesellschaft mit sich bringen, weiterhin eher pragmatisch gegenüber. Sie sind anpassungsfähig und ergreifen Chancen, die sich ihnen bieten. Sie wünschen sich Sicherheit und positive soziale Beziehungen. Sie sind jedoch auch bereit, sich für die Belange anderer Menschen oder der Gesellschaft einzusetzen. Leistungsnormen sind zentrale Orientierungspunkte, aber auch Tradition und Tugenden werden nicht abgelehnt. Gleichzeitig folgt die junge Generation bei ihrer Zukunftsorientierung inzwischen aber vermehrt auch wieder eher idealistischen Vorstellungen.“ (SHELL-STUDIE 2015)

Junge Menschen interessieren sich wieder mehr für gesellschaftspolitische Themen. Sie wollen sich verstärkt in soziale Gestaltungsprozesse einbringen. Die Jugendlichen wollen zupacken, umkrempeln, neue Horizonte erschließen und sind dabei auch bereit, Risiken einzugehen. Die junge Generation in Deutschland 2015 kann deshalb als „Generation im Aufbruch“ bezeichnet werden.

Doch wie ticken Jugendliche in Hinblick auf Religion?

Nach der Shell-Studie wird der Glaube von der Herkunft und auch der Zugehörigkeit zu einer Religion beeinflusst. Dreiviertel der Jugendlichen, die dem Islam angehören, glauben an einen Gott, bei Jugendlichen mit evangelischem Glauben sind es lediglich 37 %. Auffällig sind aber auch die Unterschiede zwischen Ost und West. Für 55 % der Jugendlichen im Westen ist der Glaube an Gott wichtig, im Osten sind es lediglich 32 %. Dies kann dadurch erklärt werden, dass viele Jugendliche im Osten keiner Religionsgemeinschaft angehören, auch wenn die Religiosität langsam ansteigt. Auf ganz Deutschland bezogen gehören die meisten Jugendlichen einer Kirche an, bezeichnen sich aber nicht als religiös.

> Schaut man auf die Werte der Jugendlichen, so hat Religion eine geringe Bedeutung. Bei einem Blick auf die vergangenen Jahre stellt Religion aber eine konstante Größe für die Jugendlichen dar. Dabei werden Rituale und alte Vorschriften negativ gesehen, aber die Jugendlichen „verneinen nicht das Existenzrecht der Kirche, schätzen ihre soziale Rolle, vermissen jedoch oft Antworten auf wichtige Fragen ihrer Lebensführung“.
> (SHELL-STUDIE 2015)

Die zunehmenden Ängste der Jugendlichen müssen ernst genommen werden. Die Heranwachsenden haben verstärkt Angst vor einem europäischen Krieg und vor Terroranschlägen (Letzteres 75 %). Zeichen und Verunsicherungen werden leider immer wieder durch aktuelle politische und gesellschaftliche Vorkommnisse verstärkt, wenn man an die Terroranschläge oder an den Umbruch in der Europäischen Union denkt. Für die Jugendlichen von heute ist es richtig, dass Flüchtlinge in Deutschland aufgenommen werden, auch wenn sich hier die erneute Angst zeigt, dass in naher Zukunft zu viele einreisen könnten. So wollen sie, dass Deutschland eine politisch vermittelnde Rolle einnimmt, dies aber ohne einen Militäreinsatz.

Die Jugendstudien sind hilfreich, wenn Sie Ihren Religionsunterricht planen. Sie bieten viele Anhaltspunkte und Informationen. Sie werden aber auch feststellen, dass nicht jede Einschätzung auf die Jugendlichen zutrifft, mit denen Sie es gerade zu tun haben. Sie selbst sind als Lehrer ein Experte, wenn es um Jugendfragen geht. Das sind Sie aber nur, wenn Sie bereit sind, nachzufragen, nachzuspüren und Interesse an den Jugendlichen und ihren Lebenswelten zeigen. Werden Sie zum Jugendforscher in eigener Sache! Fragen Sie Ihre Schüler, wie sie sich selber sehen. Was macht sie glücklich oder traurig? Was ist ihnen wichtig? Machen Sie sich ein realistisches Bild von Ihren Jugendlichen, das sich aber ständig ändert. Sie werden auch feststellen, dass es „die Jugend" nicht gibt. Es ist eine heterogene Gruppe, deren Vielfalt eine Herausforderung für jeden Pädagogen darstellt. Ich sollte mich als Lehrer immer wieder mit aller Offenheit neu auf sie einlassen.

Internet

www.forrefs.de/sekundarstufe/basics-referendariat/kolumne-startklar/generation-what.html
www.sinus-akademie.de/service/downloads → Jugend
www.shell.de/ueber-uns/die-shell-jugendstudie.html

2.3 Was ist guter Religionsunterricht?

Wenn Sie Ihre Schüler fragen, was guter Religionsunterricht ist, werden Sie eine Vielzahl sehr unterschiedlicher Rückmeldungen erhalten. Ein solches Feedback sollten Sie sich natürlich möglichst oft einholen.

Wichtig für Ihre Ausbildung als Religionslehrer ist, dass sich guter Unterricht an Kriterien festmachen lässt. Natürlich würden Bildungspolitiker, Eltern, Wissenschaftler, Schulleiter und auch Schüler sehr unterschiedliche Kriterienkataloge erstellen.

Hilbert Meyer (2004, 13) definiert guten Unterricht als den „Unterricht, in dem (1) im Rahmen einer demokratischen Unterrichtskultur (2) auf der Grundlage des Erziehungsauftrags (3) und mit dem Ziel eines gelingenden Arbeitsbündnisses

(4) eine sinnstiftende Ordnung (5) und ein Beitrag zur nachhaltigen Kompetenzentwicklung aller Schülerinnen und Schüler geleistet wird". Im Anschluss formuliert er zehn Merkmale guten Unterrichts (ebd., 17–18):

1. Klare Strukturierung des Unterrichts: Klarheit bei Prozessen, Zielen und Inhalten,
2. Hoher Anteil an echter Lernzeit: gutes Zeitmanagement, Pünktlichkeit, Auslagerung von Organisationskram und durch eine Rhythmisierung des Tagesablaufs
3. Lernförderliches Klima: gegenseitiger Respekt, verlässlich eingehaltene Regeln, Übernahme von Verantwortung, Gerechtigkeit und Fürsorge
4. Inhaltliche Klarheit: Verständlichkeit der Aufgabenstellung, Monitoring des Lernverlaufs, Plausibilität des thematischen Gangs, Klarheit und Verbindlichkeit der Ergebnissicherung
5. Sinnstiftendes Kommunizieren: Beteiligung an der Planung, Gesprächskultur, Sinnkonferenzen, Lerntagebücher und Schüler-Feedback
6. Methodenvielfalt: Reichtum an Inszenierungstechniken, Vielfalt der Handlungsmuster, Variabilität der Verlaufsformen und Ausbalancierung der methodischen Großformen
7. Individuelles Fördern: innere Differenzierung und Integration, Freiräume, Geduld und Zeit, individuelle Lernstandsanalysen und abgestimmte Förderpläne
8. Intelligentes Üben: Bewusstmachung von Lernstrategien, passende Übungsaufträge, gezielte Hilfestellungen und entsprechende Rahmenbedingungen
9. Transparente Leistungserwartungen: ein an den Richtlinien/Bildungsstandards orientiertes, dem Leistungsvermögen der Schüler entsprechendes Lernangebot und durch förderorientierte Rückmeldungen zum Lernfortschritt
10. Vorbereitete Umgebung: durch entsprechende Ordnung, funktionale Einrichtung und brauchbares Lernwerkzeug

MATTHIAS BAHR (2010, 487–497) nennt folgende Kriterien für einen guten Religionsunterricht:

Guter Religionsunterricht …

- wird von den Schülern als lebensrelevant betrachtet,
- bringt explizit religiöse Themen, insbesondere Gott, zur Sprache (u. a. im Kontext Lebenssinn, Tod, Auferstehung …),
- ermöglicht Selbsttätigkeit von Schülern,
- peilt die ihm vorgegebenen Ziele an und erreicht sie zumindest partiell,

- bereitet den Schülern Freude (christliche Fundierung: „frohe Botschaft"),
- ist strukturiert hinsichtlich Verlauf einer Einzelstunde, hinsichtlich zusammenhängender und auf bekanntes Wissen und vorhandene Fähigkeiten/ Fertigkeiten aufbauend angelegter Themen,
- bringt bei den jeweiligen Fragestellungen die Theologie angemessen und fachwissenschaftlich fundiert ein,
- lebt von einer variantenreichen Lernkultur (alternative methodische Zugänge etc.), die an der Auseinandersetzung bzgl. des Wahren (nicht an Nivellierung: „Alles ist richtig!") interessiert ist,
- ist geprägt von einer positiven Unterrichtsatmosphäre: von Wohlwollen, Takt, Geduld, Humor etc., geprägtes Schüler-Lehrer- und Schüler-Schüler-Verhältnis,
- hat eine gute Gestalt (fachwissenschaftlich fundiert + methodisch versiert + gute Materialien + personales Angebot),
- bemüht sich um exemplarische Vertiefung an bestimmten Themen,
- berücksichtigt die für das jeweilige Unterrichtsgeschehen angemessenen religionsdidaktischen Prinzipien.

Neben diesen Aspekten sind für den guten Religionsunterricht weitere Kriterien hilfreich: Die gute Beziehung zwischen Lehrer und Schülern, aber auch zwischen den Schülern ist eine wichtige Grundlage eines guten Unterrichts. Zum Aufbau und der Beziehung und deren Pflege müssen Sie sich viel Zeit nehmen. Lehrer interessieren sich für ihre Schüler und unterrichten vor allem Schüler und nicht nur ein Fach. Das ist kein Rezept, sondern eine Haltung. Lernen gelingt besonders gut, wenn es von vertrauten Beziehungen getragen wird. Kinder und Jugendliche können ihre kognitiven und kreativen Kompetenzen vor allem dann gut entwickeln, wenn eine Atmosphäre der angstfreien Offenheit und Neugier herrscht. Dann entwickeln sie auch Aufmerksamkeit und Aufnahmebereitschaft, die eine angenehme und entspannte Lernatmosphäre fördern.

Finden Sie heraus, was die Schüler bewegt und interessiert. Erkunden Sie, was sie im bisherigen Religionsunterricht gelernt und erfahren, was sie schon im Unterricht behandelt haben.

Informieren Sie die Schüler darüber, was für Sie ein guter Religionsunterricht bedeutet und wie Sie Ihren Religionsunterricht gestalten wollen. Beziehen Sie dabei die Erfahrungen und Wünsche der Schüler mit ein.

Arbeiten Sie während Ihrer Ausbildung an Ihrem pädagogischen Leitbild. Es sollte ein persönliches Leitbild sein, in dem Sie Ihre eigenen Werte und Grundsätze formulieren, und keine Aneinanderreihung von schlauen pädagogischen Zitaten aus Lehrbüchern. Beachten Sie, dass ein guter Religionsunterricht eine nachhaltige Werbung für das Fach ist, das Sie als Religionslehrer vertreten.

Tipps für den Anfang

- Gehen Sie offen, vorurteilsfrei und neugierig auf die Schüler zu! Relativieren Sie die Gerüchte aus dem Lehrerzimmer, die vor allem die neuen Referendare verunsichern sollen!
- Planen Sie genügend Zeit zum gegenseitigen Kennenlernen ein! Die Schüler können von dem erzählen, was sie lieben und was ihnen Angst macht.
- Achten Sie auf eine ausgewogene Balance von Nähe und Distanz! Es gibt Grenzen, die ein Lehrer einhalten sollte.

> Seien Sie von Anfang an experimentierfreudig. Lernen durch Versuch und Irrtum ist ein hilfreicher pädagogischer Ansatz.

- Auch die Schüler wollen Sie besser kennenlernen. Überlegen Sie sich genau, was Sie von sich erzählen. Sicher gibt es interessante Geschichten aus Ihrem Leben, die sich als Türöffner in die Herzen der Schüler gut eignen. Bleiben Sie dabei authentisch!
- Natürlich sollten Sie auch von dem Fach erzählen, das Sie unterrichten. Und am schönsten wäre es, wenn Sie dabei von Ihrer Liebe zu Ihrem Fach berichten könnten. Das ist eine gute Motivation für einen erfolgreichen und interessanten Religionsunterricht.

Literatur

BAHR, MATTHIAS (2010): Guten Religionsunterricht in den Blick nehmen. In: HILGER, GEORG / LEIMGRUBER, STEPHAN / ZIEBERTZ, HANS-GEORG: Religionsdidaktik. Ein Leitfaden für Studium, Ausbildung und Beruf. München, Neuausgabe, 487–497.

HATTIE, JOHN (2013): Lernen sichtbar machen. Übersetzt von BEYRL, WOLFGANG / ZIERET KLAUS. Hohengehren.

HELMKE, ANDREAS / SCHRADER FRIEDRICH-W. (2006): Lehrerprofessionalität und Unterrichtsqualität. Den eigenen Unterricht reflektieren und beurteilen. In: Themenheft. Was ist guter Unterricht? Schulmagazin 9/2006, 5–12.

MEYER, HILBERT (2004): Was ist guter Unterricht? Berlin.

SEKRETARIAT DER DEUTSCHEN BISCHOFSKONFERENZ (2004) (Hrsg.): Kirchliche Richtlinien zu Bildungsstandards für Religionsunterricht in der Sekundarstufe I (Mittlerer Schulabschluss) (= Die deutschen Bischöfe 78), Bonn.

Internet

www.forrefs.de/sekundarstufe/basics-referendariat → kolumne-startklar → startklar

www.unilu.ch/fileadmin/fakultaeten/tf/professuren/relpaed/dok/Referat-Was-ist-guter-Religionsunterricht.pdf

2.4 Kompetenzorientierter Religionsunterricht

Kompetenzorientierung

Ein bekanntes Zitat, dem jeder Lehramtsstudierende und Referendar irgendwann im Rahmen seiner Ausbildung begegnen wird, stammt von Franz Weinert. Darin beschreibt er den Begriff der Kompetenz. Unter Kompetenzen versteht man „die bei Individuen verfügbaren oder durch sie erlernbaren kognitiven Fähigkeiten und Fertigkeiten, um bestimmte Probleme zu lösen, sowie die damit verbundenen motivationalen, volitionalen und sozialen Bereitschaften und Fähigkeiten, um die Problemlösungen in variablen Situationen erfolgreich und verantwortungsvoll nutzen zu können" (WEINERT, 2003, 27–28).

Das Konzept der Kompetenzen bestimmt seit einigen Jahren das Lehren und Lernen und somit auch die didaktische und pädagogische Bildungslandschaft. Es geht um die Entwicklung und Förderung der Kompetenzen, die Schüler nach einem Bildungsabschnitt erworben haben sollen. Genauer gesagt geht es um Fähigkeiten und Fertigkeiten zur Bewältigung komplexer Problemstellungen. Bei diesem Konzept geht es nicht um die Vernachlässigung der Inhalte und des Wissens, sondern vielmehr um eine Weiterentwicklung der Lehr- und Lernkultur.

Kompetenzen verbinden das Wissen mit dem Können (Handlungswissen). Somit geht das Lernen über das bloße Verstehen hinaus. Wissen und Können sind aber kein Selbstzweck, sie sollen vielmehr in der Begegnung mit der Wirklichkeit zur Problemlösung führen. Der Kompetenzansatz zielt also auf problemlösendes Handeln. Lernen wird somit zu einem aktiven und individuellen Prozess. Es genügt nicht, nur über Wissen und Können zu verfügen. Die Bereitschaft und der Wille zum Handeln müssen ebenfalls gegeben sein.

Die Handlungskompetenz ergibt sich aus dem Zusammenspiel von Fach-, Methoden-, Selbst- und Sozialkompetenzen.

> „Die Anforderungen, die an die Lernenden gestellt werden, werden nicht als Ziele der Lehrenden oder Inhalte, sondern als ‚Kompetenzen' der Lernenden formuliert. Das hat den entscheidenden Vorteil, dass sich der Blick nicht mehr nur auf das richtet, was gelehrt wird (= Ziele/ Inhalte), sondern darauf, was bei den Lernenden tatsächlich ankommt (Kompetenzen/Outputorientierung). Bei der Orientierung der Unterrichtsplanung an Kompetenzen geht es um die (Ihre) Sicht auf ressourcenorientierte, selbstgesteuerte, lebendige und nachhaltige Lernprozesse."
> (Auszug aus einem Leitfaden des Studienseminars BBS Trier)

In fast allen Bundesländern, in denen der Religionsunterricht ein ordentliches Lehrfach ist, sind kompetenzorientierte Bildungspläne verpflichtend. Darin werden die fachbezogenen Kompetenzen für die unterschiedlichen Inhaltsfelder entfaltet. Der kompetenzorientierte konfessionelle Religionsunterricht orientiert sich an den religiösen Kompetenzen der Schüler und fragt nach den Fähigkeiten und Fertigkeiten, die diese entwickeln und gestalten sollen. Es geht vor allem darum, im Rahmen des Religionsunterrichts die Schüler dazu anzuregen, sich mit religiösen Fragestellungen und deren Lebensrelevanz auseinanderzusetzen.

Religionsunterricht ist kein Sachkundeunterricht, sondern ein partnerschaftlicher Kommunikationsprozess, der Sinnfragen und Wertvorstellungen erschließt. Das eigentliche Thema des Religionsunterrichts sind die Schüler, die sich mit ihren Erfahrungen und ihren Fragen mithilfe der religiösen Erfahrungen und Erkenntnissen der Menschheit die Welt erschließen.

Im Mittelpunkt steht die Problemlösefähigkeit der Schüler, die an bestimmten Bildungsinhalten erarbeitet und weiterentwickelt werden. Somit wird religiöses und theologisches Wissen zu einem Lebenswissen, einem sinnstiftenden Lernen, das im konkreten Alltag umgesetzt werden kann. Wissen ist somit kein Selbstzweck, sondern hat eine nachhaltige Bedeutsamkeit. Es wird zu einem sinnstiftenden Lernen.

Ein kompetenzorientierter Religionsunterricht …

- wird von seinem langfristigen Ziel her konzipiert und gestaltet,
- orientiert sich am Schüler,
- ist ein schüleraktiver Unterricht und initiiert selbstständiges und selbstorganisiertes Lernen,
- stellt eine Schüleraktivierung her durch anspruchsvolle und lebensnahe Aufgabenstellungen,
- ist ein lebensweltorientierter Unterricht,
- weckt Interesse durch konkrete und reale Lernsituationen,
- nimmt den Schüler als Subjekt des Lernprozesses ernst und unterstützt das eigenverantwortliche Lernen,
- macht den Lehrer zu einem Lernbegleiter, der die Lernprozesse der Schüler beachtet und individuell begleitet,
- hat bereits bei der Planung die Problemlösung im Blick,
- vernetzt vorhandenes Wissen und Können mit neu Gelerntem,
- hilft dem Schüler, den eigenen Kompetenzzuwachs zu erkennen,
- konzipiert Lehr- und Lernanlässe schülerorientiert von Anforderungssituationen und daraus abgeleiteten Lernanlässen her,
- gestaltet den Wissenszuwachs nachhaltig und effektiv,
- regt an zu einem intelligenten Üben,
- reflektiert und überprüft den Lernfortschritt und Kompetenzzuwachs der Schüler.

> Ein kompetenzorientierter Religionsunterricht kann sich recht einfach an den folgenden Fragen orientieren:
> Wie sollen meine Schüler meinen Religionsunterricht verlassen? Wie wurden ihr Kopf (Denken), ihr Herz (Emotion) und ihre Hand (Handeln) angesprochen? Was wurde in ihnen bewegt? Was sollen meine Schüler am Ende der Unterrichtsstunde können, was müssen sie wissen, was befähigt sie dazu und welche Haltungen und Lernbereitschaften brauchen sie dafür?

Kompetenzmodelle

Sie fragen sich als Religionslehrer, welche Kompetenzen die Schüler in Ihrem Unterricht erwerben und ausbauen sollen. Dazu geben unterschiedliche Kompetenzmodelle Anhaltspunkte und Anregungen. Als Beispiele werden hier das Kompetenzmodell im evangelischen und katholischen Religionsunterricht genannt.

Kompetenzorientierung im evangelischen Religionsunterricht

Ein evangelisches Kompetenzmodell entwickelte das Comenius-Institut in Münster („Grundlegende Kompetenzen religiöser Bildung"). Die zweidimensionale Matrix besteht aus zwölf grundlegenden Kompetenzen religiöser Bildung mit den horizontalen „Dimensionen der Erschließung von Religion" und den vertikalen „Gegenstandsbereichen" (FISCHER 2006, 19–20).

Dimensionen der Erschließung von Religion	**Perzeption: wahrnehmen, beschreiben**	**Kognition: verstehen, deuten**	**Performanz: gestalten, handeln**	**Interaktion: kommunizieren, urteilen**	**Partizipation: teilhaben, entscheiden**	
Gegenstandsbereiche	**Kompetenzen**					**Exemplarische Lebenssituationen**
Subjektive Religion	1. Die persönliche Glaubensüberzeugung bzw. das eigene Selbst- und Weltverständnis wahrnehmen, zum Ausdruck bringen und gegenüber anderen begründet vertreten.					Persönliche Glaubensüberzeugung, z. B. Gespräch unter Freundinnen bzw. Freunden: „Glaubst du an Gott?"
	2. Religiöse Deutungsoptionen für Widerfahrnisse des Lebens wahrnehmen, verstehen und ihre Plausibilität prüfen.					Widerfahrnisse des Lebens, z. B. schwerer Unfall eines Mitschülers: „Wie kann Gott das zulassen?"
	3. Entscheidungssituationen der eigenen Lebensführung als religiös relevant erkennen und mithilfe religiöser Argumente bearbeiten.					Entscheidungssituationen, z. B. ungewollte Schwangerschaft: „Darf ich abtreiben?"
	4. Grundformen religiöser Sprache (z. B. Mythos, Gleichnis, Symbol, Bekenntnis, Gebet, Gebärden, Dogma, Weisung) kennen, unterscheiden und deuten.					Grundformen religiöser Sprache, z. B. Vorbereitung eines Schulgottesdienstes: „Wie formuliert man eigentlich ein Gebet?"

<table>
<tr>
<td>Bezugsreligion des Religionsunterrichts: Christentum evangelischer Prägung</td>
<td>5. Über das Christentum evangelischer Prägung (theologische Leitmotive sowie Schlüsselszenen der Geschichte) Auskunft geben.
6. Grundformen religiöser Praxis (z. B. Feste, Feiern, Rituale, Diakonie) beschreiben, probeweise gestalten und ihren Gebrauch reflektieren.
7. Kriterienbewusst lebensförderliche und lebensfeindliche Formen von Religionen unterscheiden.</td>
<td>Selbstverständnis der Bezugsreligion, z. B. Gespräch mit einem Muslim: „Ist für euch Christen Jesus mehr als ein Prophet?“

Grundformen religiöser Praxis, z. B. Taufe – Anfrage einer Verwandten: „Willst du Taufpate unseres Kindes werden?“

Lebensfeindliche und -förderliche Formen von Religion, z. B. Medienberichterstattung über den US-Präsidenten G. W. Bush: „Warum führt er einen ‚Kreuzzug‘ …?“</td>
</tr>
<tr>
<td>Andere Religionen und/ oder Weltanschauungen</td>
<td>8. Sich mit anderen religiösen Überzeugungen begründet auseinandersetzen und mit Angehörigen anderer Konfessionen bzw. Religionen respektvoll kommunizieren und kooperieren.
9. Zweifel und Kritik an Religionen sowie Indifferenz artikulieren und ihre Berechtigung prüfen.</td>
<td>Andere religiöse Überzeugungen, z. B. Ramadan: „Warum fastet ihr?“

Zweifel an Religion, z. B. Mobbing gegen einen Jugendlichen, der sich in der Kirche engagiert: „Wie kann man heute zur Kirche gehen?“</td>
</tr>
<tr>
<td>Religion als gesellschaftliches Phänomen</td>
<td>10. Den religiösen Hintergrund gesellschaftlicher Traditionen und Strukturen (z. B. von Toleranz, des Sozialstaates, der Unterscheidung Werktag/Sonntag) erkennen und darstellen.
11. Religiöse Grundideen (z. B. Menschenwürde, Nächstenliebe, Gerechtigkeit) erläutern und als Grundwerte in gesellschaftlichen Konflikten zur Geltung bringen.
12. Religiöse Motive und Elemente in der Kultur (z. B. Literatur, Bilder, Musik, Werbung, Filme, Sport) identifizieren, ideologiekritisch reflektieren und ihre Bedeutung erklären.</td>
<td>Gesellschaftliche Traditionen und Strukturen, z. B. verkaufsoffener Sonntag: „Soll man sonntags frische Brötchen kaufen können?“

Religiöse Grundideen, z. B. Menschenwürde – Pflegefall in der Familie: „Darf man Sterbehilfe leisten?“

Religiöse Motive in der Kultur, z. B. Besuch eines Fußballstadions: „Fußball ist mein Leben“</td>
</tr>
</table>

Kompetenzorientierung im katholischen Religionsunterricht

In den Kirchlichen Richtlinien für den katholischen Religionsunterricht in den Jahrgängen 5–10 / Sekundarstufe I lauten die Kompetenzen:

- religiöse Phänomene wahrnehmen
- religiöse Sprache verstehen und verwenden
- religiöse Zeugnisse verstehen (und deuten)
- in religiösen Fragen begründet urteilen

Die inhaltsbezogenen Kompetenzen entwickeln sich in der Anwendung dieser Kompetenzen auf bestimmte theologische Inhalte des Unterrichts. Sie sind in sechs Gegenstandsbereiche eingeteilt:

- Mensch und Welt
- die Frage nach Gott
- die biblische Botschaft
- Jesus Christus
- Kirche und Gemeinschaft
- andere Religionen

Diese Kompetenzbeschreibungen umfassen nur einen Teil des katholischen Religionsunterrichts. Die „Einheitlichen Prüfungsanforderungen für die Abiturprüfung im Fach Katholische Religionslehre" (EPA) der Kultusministerkonferenz beschreiben folgende inhaltsunabhängige Kompetenzbereiche (http://www.kmk.org):

Wahrnehmungs- und Darstellungsfähigkeit – religiös bedeutsame Phänomene wahrnehmen und beschreiben:

- Situationen erfassen, in denen letzte Fragen nach Grund, Sinn, Ziel und Verantwortung des Lebens aufbrechen,
- religiöse Spuren und Dimensionen in der Lebenswelt aufdecken,
- religiöse Ausdrucksformen (Symbole, Riten, Mythen, Räume, Zeiten) wahrnehmen und in verschiedenen Kontexten wiedererkennen und einordnen,
- ethische Herausforderungen in der individuellen Lebensgeschichte sowie in unterschiedlichen gesellschaftlichen Handlungsfeldern wie Kultur, Wissenschaft, Politik und Wirtschaft als religiös bedeutsame Entscheidungssituationen erkennen.

Deutungsfähigkeit – religiös bedeutsame Sprache und Zeugnisse verstehen und deuten:

- in Lebenszeugnissen und ästhetischen Ausdrucksformen (Literatur, Bildern, Musik, Werbung, Filmen) Antwortversuche auf menschliche Grundfragen entdecken und fachsprachlich korrekt darstellen,
- religiöse Sprachformen analysieren und als Ausdruck existenzieller Erfahrungen deuten,
- biblische, lehramtliche, theologische und andere Zeugnisse christlichen Glaubens methodisch angemessen erschließen,
- Glaubensaussagen in Beziehung zum eigenen Leben und zur gesellschaftlichen Wirklichkeit setzen und ihre Bedeutung aufweisen.

Urteilsfähigkeit – in religiösen und ethischen Fragen begründet urteilen:

- Sach- und Werturteile unterscheiden,
- Ansätze und Formen theologischer Argumentation vergleichen und bewerten,
- Modelle ethischer Urteilsbildung kritisch beurteilen und beispielhaft anwenden
- Antinomien sittlichen Handelns wahrnehmen, im Kontext ihrer eigenen Biografie reflektieren und in Beziehung zu kirchlichem Glauben und Leben setzen,
- Gemeinsamkeiten von Konfessionen und Religionen sowie deren Unterschiede darstellen und aus der Perspektive des katholischen Glaubens bewerten,
- im Kontext der Pluralität einen eigenen Standpunkt zu religiösen und ethischen Fragen einnehmen und argumentativ vertreten.

Dialogfähigkeit – am religiösen Dialog argumentierend teilnehmen:

- die Perspektive eines anderen einnehmen und dadurch die eigene Perspektive erweitern,
- Gemeinsamkeiten und Unterschiede von religiösen und weltanschaulichen Überzeugungen benennen und im Dialog argumentativ verwenden,
- sich aus der Perspektive des katholischen Glaubens mit anderen religiösen und weltanschaulichen Überzeugungen argumentativ auseinandersetzen,
- Kriterien für einen konstruktiven Dialog entwickeln und in dialogischen Situationen berücksichtigen.

Gestaltungsfähigkeit – religiös bedeutsame Ausdrucks- und Gestaltungsformen reflektiert verwenden:

- typische Sprachformen der Bibel theologisch reflektiert transformieren,
- Aspekten des christlichen Glaubens in textbezogenen Formen kreativ Ausdruck verleihen,
- die Präsentation des eigenen Standpunkts und anderer Positionen medial und adressatenbezogen aufbereiten,
- im Gespräch Beiträge anderer aufgreifen, den jeweiligen Gedankengang sachgemäß in theologischer Fachsprache entwickeln und angemessen darstellen, über Fragen nach Sinn und Transzendenz angemessen sprechen.

Tipp

Im Laufe der letzten Jahre wurden zahlreiche theoretische Grundlegungen veröffentlicht. Ein Querschnitt durch diese wissenschaftliche Literatur zeigt jedoch, dass die Begriffe *Kompetenz* und *Kompetenzorientierung* viele unterschiedliche Sichtweisen beinhalten.
Für Sie als Lehrer ist es wichtig, dass Kompetenzen in den Standards der Kultusministerkonferenz und in den Lehrplänen Ihres Bundeslandes verankert sind. Lesen Sie sich diese sorgfältig durch.

Die Planung eines kompetenzorientierten Religionsunterrichts

Die Orientierung an Kompetenzen verlangt auch eine veränderte Planung des Unterrichts. Da die Schüler sich die Kompetenzen zunehmend selbstgesteuert und selbstorganisiert erwerben und sich Wissen und Können aneignen sollen, hat sich auch die Rolle des Lehrers verändert. Er wird vor allem zum Lernbegleiter. Und doch gibt er nicht alle Fäden aus der Hand. Er steuert sozusagen das Gleichgewicht zwischen seiner Lenkung und selbstbestimmtem Lernen der Schüler. Dabei ist vor allem die Unterrichtsvorbereitung und -planung grundlegend.

Denken Sie bei der Planung vom Schüler her.

Endlich ist es so weit: Sie stehen vor der Klasse und dürfen unterrichten. Doch bevor der Unterricht durchgeführt werden kann, muss er geplant und konzipiert werden.

Die Unterrichtsvorbereitung gehört zum Kerngeschäft des Lehrers und sollte deshalb systematisch und pädagogisch durchdacht angelegt sein. Gerade am Beginn der Planungsarbeit tauchen viele Fragen und Schwierigkeiten auf, die verwirren. Viele Referendare neigen dazu, möglichst viele Materialien und Medien (Texte, Bilder, Kurzfilme etc.) zu sammeln. Dazu kommt noch eine Vielzahl von unterschiedlichen Methoden und Sozialformen. Die Unterrichtsstunden werden schließlich wie ein Puzzle mit verschiedenen Teilen zusammengefügt. Nur passen die Teile bei der Durchführung plötzlich nicht mehr, weil das fertige Bild nur im Kopf existiert und den konkreten Rahmenbedingungen nicht entspricht.

Der kompetenzorientierte Religionsunterricht setzt beim Lernen der Schüler an. Die Schüler selbst sind verantwortlich für den Erwerb von Kompetenzen. Somit muss der Lehrer einen besonderen Akzent bei der Vorbereitung des Unterrichts auf die Analyse der Lernausgangslage legen. Über welche kognitiven Kompetenzen (Kenntnisse, Fähigkeiten und Fertigkeiten) verfügen die Schüler? Auf welche Bereitschaften, Interessen, Erfahrungen, Einstellungen und Motivationslagen der Schüler muss ich achten?

Gehen Sie bei der Planung des Religionsunterrichts von Anfang an strukturiert vor.

Für die Unterrichtsplanung und vor allem für die schriftliche Ausarbeitung gibt es unterschiedliche Phasenmodelle und Vorgaben, die Ihnen helfen, diese Klarheit und Struktur herzustellen. Es gibt eine Vielzahl von Strukturierungsvorschlägen, nach denen Lernprozesse in Phasen oder Stufen zerlegt werden können. Jedes Ausbildungsseminar hat hier seine eigenen Vorlieben und Vorgaben, an die Sie sich halten sollten. Hier können nur einige dieser Strukturierungshilfen beispielhaft vorgestellt werden.

Planen Sie vom Ende her!

Einstieg – Erarbeitungssphase – Abschluss

Bei einer kompetenzorientierten Planung ist es wichtig, dass Sie zunächst nicht fragen: Wie steige ich in die Stunde ein? Sie beginnen vielmehr mit dem Ende und fragen sich: Wie sollen meine Schüler die Religionsstunde verlassen? Was nehmen Sie mit an Fähigkeiten und Fertigkeiten? Welche Problemlösungskompetenz haben sie erworben? Entsprechend planen Sie auch den Unterricht. Nicht mehr das tolle Video oder der anregende Text stehen am Anfang Ihrer Planungen, sondern die Kompetenzen. Hilfreich dabei sind die Kompetenzbeschreibungen in den entsprechenden Lehrplänen. Bei der Ausarbeitung der Lernsituation sind die angestrebten Kompetenzen der Ausgangspunkt. Also folgen die Inhalte den Kompetenzen.

Erst in der zweiten Phase konzentrieren Sie sich auf die Erarbeitungsphase und überlegen sich, wie die Arbeitsaufträge aussehen sollen und welche Medien und Methoden Sie nutzen wollen.

Am Schluss überlegen Sie sich, wie Sie in die Unterrichtsstunde einsteigen, um die Schüler zu motivieren oder zum Thema hinzuführen. Fragen Sie sich: Sind die einzelnen Unterrichtsphasen aufeinander abgestimmt und die Übergänge gut gestaltet?

Das AVIVA-Modell

Das Fünfphasen-Modell für einen wirkungsvollen Unterricht hat seine Grundlage in der Lernpsychologie:

- Ankommen und einstimmen
- Vorwissen aktivieren
- Informieren
- Verarbeiten
- Auswerten

Nach einem motivierenden Einstieg greifen Sie das Vorwissen der Schüler auf und führen sie zur Thematik hin. In einer Informations- und Verarbeitungsphase vertiefen und festigen die Schüler die Informationen und wenden sie an. In der letzten Phase wird der Weg reflektiert (http://edudoc.ch).

Ein kompetenzorientierter Unterricht beachtet die fünf Phasen bei der Planung und Durchführung. Durch die Rhythmisierung des Unterrichts gelingt es den Schülern, gezielt Ressourcen aufzubauen und ihr Lernen immer besser selbst zu steuern.

Die handlungsorientierte Lernschleife

Bei der Darstellung des Lernprozesses in Form einer vierstufigen Lernschleife steht vor allem die Selbsttätigkeit der Schüler im Vordergrund. Die Schüler sind für ihren Lernprozess verantwortlich und bestimmen in der Gruppenarbeitsphase ihr Lerntempo. Der Lehrer wird zum Lernberater und schafft die entsprechende Lernumgebung.

Für manche Fächer ist das didaktische Prinzip einer handlungsorientierten Lernschleife hilfreich. Im Religionsunterricht eignet sich die Lernschleife gut, wenn es um die Aneignung von Wissen geht. Bei gesprächsorientierten oder offenen Gestaltungsformen ist es eher schwierig, die Unterrichtsideen in das vorgegebene Schema zu pressen.

- **1. Phase: Auftrags-Übergabe-Situation (AÜS):** Der Lehrer stellt die Lernsituation vor, aus der sich eine Problemerkennung durch die Schüler ergibt. Die Aufgabenstellung wird übergeben, wobei Inhalte (Was?), Weg (Wie?), Ziel (Wohin?) und Zeitbedarf (Wie lange?) im Rahmen des Lernprozesses geklärt werden.
- **2. Phase: Selbständig-produktive-Erarbeitungssituation (SPE):** Die Schüler stellen in arbeitsgleichen Kleingruppen ein Handlungsprodukt her, auf dessen Bearbeitungsweg sie bestimmte Sachgebiete erschließen und Lernerfahrungen sammeln.
- **3. Phase: Präsentations-Situation (PS):** Bei der Präsentation der Ergebnisse sollen die Schüler den Problemlösungsweg und die neuen Erkenntnisse nochmals diskutieren, reflektieren und verbessern.
- **4. Phase: Besprechungs-Situation (BS):** In dieser Phase werden der Lernprozess und die Handlungsprodukte (Stärken und Schwächen) kritisch bewertet und reflektiert.

Eine erweiterte Lernschleife könnte folgendermaßen gestaltet werden:

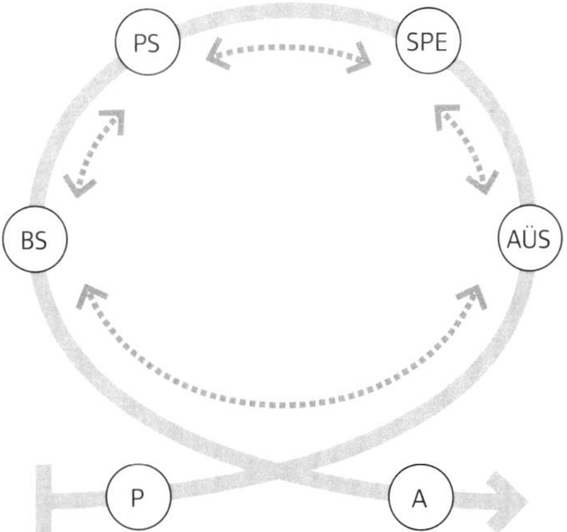

1. Phase: Problem- und Fragestellung: In der ersten Unterrichtsphase wird eine Problem- oder Fragestellung aufgezeigt, die im Lehrplan inhaltlich verankert ist und die bei den Schülern ein Interesse weckt und sie motiviert. Dies ist die Lernsituation.

Lernsituationen sind Handlungssituationen, die simuliert und exemplarisch didaktisch aufbereitet sind, um theoretische Inhalte anzuwenden. Dies soll in einem für die Schüler aktuellen und problemorientierten Zusammenhang geschehen. Ziel ist es, auf eine Situation bezogen, alleine oder gemeinsam, Lösungs- bzw. Lernwege zu finden.

Die motivationale und kognitive Aktivierung der Lernenden gelingt dann am besten, wenn die Aufgaben anspruchsvoll und aufeinander abgestimmt sind. Eine reine Wiederholung bereits gekonnter Inhalte ist ebenso sinnlos wie Ziele, die nicht erreicht werden können. Neu zu erlernende Inhalte sollten bestenfalls mit vorhandenem Können und auch Wissen der Schüler in Zusammenhang stehen. Wenn Sie die Ziele mit den Schülern besprechen und schon in der Anfangsphase erkennbar ist, worum und wozu die entsprechende Fragestellung hilfreich ist, ist das selbst gesteuerte Lernen mit höherer Motivationskraft angebahnt.

Fallbeispiele aus dem Alltag oder dem Berufsleben der Schüler sind bei der Durchführung von Vorteil. Aus Handlungssituationen sollen exemplarische in der Schule umsetzbare Lernsituationen geschaffen werden, die theoretisches Wissen und Praxis miteinander verzahnen. Um eine komplexe Lernsituation zu schaffen, ist Ihre Fantasie gefragt.

Tipp

- Seien Sie kreativ und versuchen Sie, ganzheitliche Handlungssituationen zu finden.
- Gehen Sie mit offenen Augen durch die Welt! In Literatur, Filmen, Werbung oder Musik und vielen weiteren Bereichen ist Religion zu entdecken.

2. Phase: Aufgabenstellung und Aufgabenübergabe: Lernsituationen werden durch einzelne Lernaufgaben gegliedert. Aus einer übergeordneten Fragestellung ergeben sich mehrere Teilfragen oder Probleme, die es zu lösen gilt. Wenn die Schüler ohne Ihre Hilfe auf Fragen und Probleme aufmerksam werden, ist dies umso besser. Beachten Sie aber immer den Umfang und auch den Schwierigkeitsgrad der Fragestellung. Achten Sie darauf, ob die Fragestellungen passen, umsetzbar sind oder verändert werden müssen.

Bahnen Sie das Lernen der Schüler in kleinen Schritten und Bausteinen an.

Stellen Sie sich folgende Fragen: Welche Fähigkeiten und Fertigkeiten brauchen Ihre Schüler, um die Aufgabe zu lösen? Welches Fachwissen benötigen Sie? Welche persönlichen, aber auch sozialen Voraussetzungen müssen für eine Umsetzung der Aufgabenstellung gegeben sein? Eventuell müssen Sie die Aufgaben differenzieren, um auf Lernschwierigkeiten einzelner Schüler einzugehen. Achten Sie bei der Einteilung von Gruppen darauf, dass schwächere Schüler individuell unterstützt und gefördert werden können.

3. Phase: selbstständige/selbstgesteuerte und produktive Erarbeitung: Damit die Schüler die Aufgaben bearbeiten können, müssen Sie Ressourcen bereitstellen. Dies sind Räumlichkeiten, Texte, Medien, Moderationskoffer etc. Beachten Sie auch hier, was die Schüler leisten und was Sie von ihnen erwarten können.

In Phase 2 und 3 stehen Sie den Schülern als Berater zur Seite. Beobachten Sie und greifen Sie nicht bei der erstbesten Möglichkeit ein. Die Schüler dürfen und müssen auch Fehler machen, um zu lernen.

> Geben Sie den Schülern Zeit zum Ausprobieren und greifen Sie nur nach Bedacht ein.

Nehmen Sie sich Zeit, in kleineren Schritten zurück- und vorauszublicken. Wo stehen die Schüler? Sind sie noch auf dem richtigen Weg? Was war gut? Was muss gegebenenfalls geändert werden?

4. Phase: Präsentation: Je nach Aufgabenstellung können Sie die Präsentationsmethode wählen. Eine Powerpoint-Präsentation, ein Rollenspiel oder ein Gedicht – sie haben viele Möglichkeiten, die Schüler zum Reden und Präsentieren zu bringen.

> In einem kompetenzorientierten Unterricht spielt die Präsentation der erarbeiteten Arbeitsergebnisse und Erkenntnisse eine wesentliche Rolle. Dabei können solche Präsentationen langweilig und ermüdend sein, wenn etwa eine Folie nach der anderen abgelesen wird. Eine Präsentation kann aber auch zu einer spannenden und erkenntnisreichen Unterrichtsphase werden, wenn die richtigen Medien gut aufgearbeitet eingesetzt werden. Dabei helfen neue ganzheitliche und kreative Präsentationsmethoden und -medien (z. B.: Radiomagazin, Pressekonferenz, Infotainment, Podcast, Themenbasar).

Achten Sie aber darauf, dass sich einzelne Schüler nicht zurückziehen. Vielen jungen Erwachsenen fällt es schwer, vor der Gruppe zu sprechen. Das muss erst geübt werden. Aber dennoch gehört es zum Kompetenzerwerb und auch zum späteren Leben dazu, dass die Schüler sich und ihre erarbeiteten Inhalte vor einer Gruppe vorstellen und sich der Diskussion stellen.

5. Phase: Reflexion und Diskussion: Reflexion und Diskussion sind wichtig für den Lernprozess. Hier ist positive wie negative Kritik angebracht. Die Schüler müssen wissen, was sie gut oder schlecht gemacht haben, um besser zu lernen.

> Für den Lernprozess ist eine kritische Würdigung und Rückmeldung wichtig. Sparen Sie neben der Kritik nicht an Wertschätzung und positivem Feedback.

Die Reflexion sollte nicht nur am Ende stehen, sondern sollte schon in den einzelnen Phasen immer wieder an passender Stelle angewendet werden, um die Lernfortschritte der Schüler zu optimieren. Hilfreich erscheint es, wenn im Vorfeld bereits gemeinsame Kriterien formuliert werden, an denen man sich bei einer Reflexion orientieren kann.

Selbstbeobachtung und Selbstdiagnose sind genauso wichtig wie eine Rückmeldung durch die Lehrperson.

6. Phase: Anwendung bzw. Rückführung auf die Problem- oder Fragestellung und Ausblick: Die Schüler blicken am Schluss nochmals kritisch auf die Ausgangssituation zurück und fragen, ob alle zu bedenkenden Aspekte beachtet worden sind. Ein Ausblick auf die nachfolgenden Themen kann sich daran anschließen.

Denken Sie bei der Planung und Durchführung immer daran: Nichts, was Sie sich ausgedacht und was Sie geplant haben, ist in Stein gemeißelt. Eine einzige Frage oder Aussage eines Lernenden kann Ihre gesamte Planung infrage stellen. Sie müssen lernen, mit Ihren Planungen flexibel umzugehen und sie den Gegebenheiten anzupassen. Durch Ihre fachliche und pädagogische Konsequenz wird es Ihnen immer besser gelingen, diese Situationen nicht einfach nur auszuhalten, sondern als Chance zu nutzen, um weitere Lernprozesse anzuregen. Umso wichtiger ist es für Sie, dass Sie im Voraus planen und nicht nur eine einzelne Stunde im Blick haben.

Tipps

- Für die Klarheit und Struktur ist es wichtig, dass Sie die Phasenübergänge sauber gestalten. Vergewissern Sie sich, an welchem Punkt Sie stehen und handeln Sie situativ!
- Das Modell ist für ein prozessorientiertes und schülerzentriertes Lernen sehr hilfreich. Doch die hier beschriebenen Phasen sind nur ein Modell. Sie passen nicht zu jedem Unterrichtsvorhaben. Manchmal verwenden Sie sehr viel Zeit für die Problemorientierung, da Sie in dieser Phase die höchste Kompetenzsteigerung erzielen wollen. Bei einer anderen Einheit, liegt der Schwerpunkt auf der Präsentation. Vor allem in einem gesprächsorientierten Religionsunterricht kann bereits ein starker Impuls am Unterrichtsbeginn eine längere Gesprächsphase auslösen.
- Sie können Ihre Planung nicht immer eins zu eins umsetzen. Seien Sie aufmerksam für die Bedürfnisse der Schüler und weichen Sie ggf. von Ihrem Plan ab.

Der methodische Dreischritt sehen – urteilen – handeln

Die Schärfung der Wahrnehmungs- und Urteilskompetenz im Religionsunterricht kann bei den Schülern die Handlungskompetenz fördern und erweitern (Lehrplan Katholische Religion für berufsbildende Schulen 2011).

Sehen: Um die Lebenswirklichkeit zu deuten, muss sie zuerst wahrgenommen werden. Ohne zu sehen, können wir nicht urteilen, geschweige denn handeln. Das bewusste Wahrnehmen muss eingeübt werden. Dabei werden auch Einstellungen und Haltungen, Beziehungen, Zusammenhänge oder Widersprüchlichkeiten in den Blick genommen. Diese Sehschule ist der erste Schritt hin zu einer bewussten Auseinandersetzung. Wir fragen uns: Wie ist die Situation?
Beispiel: In der Oberstufe wird „die Frage nach Gott – ihre Bedeutung für Mensch und Gesellschaft“ behandelt. Die Schüler zeigen Bereitschaft, sich mit religiösen Erscheinungsformen im Alltag zu befassen. Dies ist ein erster Schritt, um sich nachfolgend mit der Gottesfrage und dem eigenen religiösen Standort auseinanderzusetzen.

Urteilen: Der differenzierten Wahrnehmung folgt eine kritische Auseinandersetzung und Beurteilung. Dabei werden vielfältige Beurteilungskriterien und Deutungsmuster genutzt. Im Religionsunterricht kann dies etwa der reiche Erfahrungsschatz der biblischen Botschaft und der exegetischen Deutungsversuche sein. Neue Einsichten und Erkenntnisse bereichern die Urteilskompetenz. Wir fragen uns: Was weiß ich bereits? Was muss ich noch lernen? Wie muss ich lernen?

Beispiel: Die Schüler analysieren religiöse Phänomene im Alltag, denen sie begegnen. Sie beschäftigten sich mit Musik, die sie hören, mit Sport, den sie treiben, mit Literatur, die sie lesen. Sie entdecken dabei Parallelen zwischen christlichem Glauben, religiösen Handlungsmustern und aktuellen Alltagssituationen. Dabei erkennen sie, dass religiöse Phänomene in der heutigen Gesellschaft vielfältig auftreten.

Handeln: Um handeln zu können, müssen wir zuvor gesehen und geurteilt haben. So können etwa die biblischen und theologischen Deutungsbereiche handlungsorientierend sein. Wir fragen uns: Was mache ich? Wir handeln und gehen schrittweise die zuvor überlegte Problemlösung an.

Beispiel: Die Schüler nehmen die religiösen Erscheinungsformen in ihrem Leben bewusst wahr und unterhalten sich über ihre neu erworbenen Erkenntnisse. Sie stellen eine Verbindung zwischen religiösen Ritualen und aktuellen Nachrichten und Gegebenheiten (Politik, Sport, Musik etc.) her und stärken so ihren eigenen religiösen Standpunkt.

> Bei der kompetenzorientierten Planung und Gestaltung des Religionsunterrichts bleiben weiterhin auch die fachsystematischen Unterrichtsanteile im Blick. Nur hat sich deren Bedeutung verändert.

Es wird zu einem bedeutsamen Orientierungs- und Erschließungswissen, mit dessen Hilfe Fragen und Probleme bearbeitet und gelöst werden können. So stehen in einem problemorientierten Religionsunterricht lebensnahe und authentische Situationen im Mittelpunkt. Bei der Heranführung an das selbstgesteuerte Lernen sollen die Schüler nicht über- oder unterfordert werden.

Merkmale und Leitfragen für die Planung

Folgende Leitfragen dienen als Hilfe für die Planung des kompetenzorientierten Religionsunterrichts:

Didaktisches Konzept

- Ist meine Arbeitsplanung didaktisch nachvollziehbar?
- Ist die Lernprozessgestaltung stimmig?
- Ist meine Planung kompetenzorientiert gestaltet?

Klarheit und Struktur

- Sind die Lehr- und Lernprozesse transparent und klar strukturiert?
- Hat die Unterrichtsstunde eine sachlogische Struktur?
- Sind die Aufgabenstellungen inhaltlich klar und verständlich formuliert?

Aktivierung

- Ist die Lernumgebung anregend und motivierend?
- Wie wird das selbstgesteuerte und selbstständige Lernen gefördert?
- Bieten Sie den Schülern ausreichend Gelegenheit zum Sprechen, Schreiben, Lesen oder Hören?
- Wie werden zurückhaltende und lernschwache Schüler aktiviert?
- Haben die Schüler Gelegenheit, ihre Lernerfolge zu erkennen?

Schülerorientierung

- Habe ich die Schüler bei meinen Planungen im Blick?
- Habe ich die Lebenswelt der Schüler im Blick?
- Habe ich deren Interessen, Fragen und Schwierigkeiten ausreichend berücksichtigt?
- Wie kann ich einzelne Schüler unterstützen und fördern?
- Entsprechen die Aufgabenstellungen der Leistungsfähigkeit der Schüler?

Heterogenität und Differenzierung

- Sind die Aufgabenstellungen, Lernzugänge und das Lerntempo differenziert gestaltet?
- Auf welche Schüler muss ich besonders achten?
- Werden verschiedene Lerntypen angesprochen?
- Werden verschiedene Stufen religiöser Entwicklung berücksichtigt?
- Gibt es binnendifferenzierte Aufgaben?

Wirkungs- und Kompetenzorientierung

- Habe ich die Kompetenzen für die Unterrichtsstunde deutlich formuliert?
- Zeigt die Lernsituation Bezüge zur Lebenswelt der Schüler?
- Sind die Leistungsanforderungen für die Schüler verdeutlicht?
- Werden individuelle Lernzuwächse ermöglicht?

Problemorientierung

- Wie erarbeite ich mit den Schülern die Problemstellung bzw. -frage?
- Ist das Problem für die Schüler überschaubar und lösbar?

Angemessene Methodenvariation und Methodenvielfalt

- Passen die gewählten Methoden zu Ihnen, zu den Schülern und zum Thema?
- Ist der Wechsel der Methoden und Sozialformen auf die Lerngruppe abgestimmt?
- Unterstützen Selbstlernmaterialien das Lernen?
- Unterstützen die eingesetzten Methoden den Kompetenzerwerb?
- Sind die Methoden bekannt und eingeübt?

Ganzheitliches Lernen

- Fördern Ihre Planungen das ganzheitliche Lernen?
- Werden viele Sinne angesprochen?

Klassenmanagement

- Ist die aktive Lernzeit, in der sich die Schüler aktiv mit dem Thema bzw. der Fragestellung auseinandersetzen können, ausreichend und optimal genutzt?
- Gibt es absehbare Störungen und wie wollen Sie damit umgehen (Rituale, Regeln)?

Lernerfolgssicherung

- Haben Sie ausreichend Zeit zum Üben, Wiederholen und Sichern eingeplant?
- Ist eine fachlich gesicherte Selbstkontrolle der Schüler eingeplant?

Lernförderliches Unterrichtsklima

- Wie wollen Sie eine gute Unterrichtsatmosphäre gestalten?
- Wie können Sie einen wertschätzenden Umgang fördern?
- Darf in meinem Unterricht gelacht werden?
- Wie kann ich konstruktiv mit Fehlern umgehen?

Lernprozess

- Haben die Schüler die Möglichkeit, den Lernprozess selbst zu bestimmen?
- Gestalten die Schüler ihren Lernweg aktiv?
- Fördert die Aufgabenstellung problembezogenes Denken und entdeckendes Lernen?

Lernumgebung

- Ist die Lernumgebung ansprechend und lernförderlich gestaltet?
- Entspricht der Raum den Bedürfnissen der Schüler?
- Welche Materialien und Medien brauche ich?
- Werden die Medien zielführend eingesetzt?

Motivierung

- Wie will ich die Schüler motivieren?
- Wie fördere ich das Interesse der Schüler?
- Wie bin ich bei diesem Thema und dieser Lerngruppe motiviert?

Reflexion

- Welche Methoden zur Reflexion habe ich vorgesehen?
- Erhalten die Schüler eine Rückmeldung zu ihrer Lernentwicklung?

Der schriftliche Unterrichtsentwurf

Der ausgearbeitete Unterrichtsentwurf ist immer bei Unterrichtsbesuchen vorzulegen. Er ist aber auch hilfreich für Ihre kontinuierliche Entwicklung der Planungen. Wie sollte ein schriftlicher Unterrichtsentwurf in Religion aussehen? Die schriftliche Ausarbeitung Ihrer Unterrichtsstunden orientiert sich an den Vorgaben des Studienseminars. Diese sind sehr unterschiedlich.

> Der schriftliche Unterrichtsentwurf unterstützt Sie dabei, Ihr eigenes Unterrichtskonzept kontinuierlich, theoriegeleitet und reflexiv weiterzuentwickeln.

Die schriftliche Form Ihrer ausformulierten Unterrichtskonzeptionen unterstützt Ihre Ziel- und Positionsbestimmung im Rahmen Ihrer Ausbildung. Indem Sie schriftlich Planungsprozesse formulieren, reflektieren Sie. Sie drücken aus, wie Sie mit den Schülern arbeiten wollen, welches fachdidaktische Konzept Sie vertreten und welche sachlogischen Zusammenhänge Sie für die Gestaltung der kontextbezogenen Lernaufgaben und der Medien für relevant halten.

Sie können mithilfe des Unterrichtsentwurfs Ihren Planungsprozess nachvollziehen und werden dabei in den Planungen immer sicherer. Sie entwickeln Ihr Unterrichtskonzept kontinuierlich und reflexiv weiter.

Der schriftliche Entwurf soll zeigen, dass Sie aus der Perspektive der Lernenden Unterricht entwickeln können. Er verdeutlicht Ihr pädagogisches und fachdidaktisches Konzept und zeigt, dass Sie sich mit Ihrer Lehrerrolle identifizieren.

Ihre Ausführungen für ein erfolgreiches und nachhaltiges Lernen sind theoriegeleitet, erfahrungsbezogen und von gut überlegten Rahmenbedingungen geprägt. Sie beschreiben, wie Sie mit den Schülern arbeiten möchten und welches didaktische Konzept und welche sachlogischen Zusammenhänge hinter Ihren Planungen stehen.

Die Gliederung eines Unterrichtsentwurfs könnte folgendermaßen aussehen:

- Mein pädagogisches Konzept der Sichtstunde
- Die Lerngruppe
- Die didaktische Abschnittsplanung
- Die Lernsituation (Der Lernkontext und die Kompetenzauswahl)
- Mein Lernarrangement (die Unterrichtsstunde methodisch/didaktisch entfaltet)
- Der Stundenüberblick
- Quellen und Materialien

Die Vorgaben zu den Unterrichtsentwürfen sind sehr unterschiedlich und werden von den Studienseminaren vorgestellt und erläutert.

Fragen zur schriftlichen Ausarbeitung

- Ist meine schriftliche Konzeption und Unterrichtsplanung aussagekräftig?
- Ist die Strukturierung stimmig und vollständig?
- Welcher Teil meiner Ausführungen ist besonders gelungen, welchen sehe ich kritisch?

1. Stundenverlaufsplan

Eine Unterrichtsstunde (6. Doppelstunde) im Rahmen einer Unterrichtsreihe zum Thema „Glück“ (16–18 Std.).

Präsentation
Jede Zweiergruppe präsentiert ihr Ergebnis. Dabei werden die Plakate an der Wand befestigt. Die Schüler erläutern in einer kurzen Präsentation die Merkmale des Glücksbringers. Das Plenum hat die Möglichkeit, Rückfragen zu stellen.

Besprechung
Mithilfe der Plakate wird die Frage beantwortet, warum diese Glücksbringer als solche von den meisten Menschen angesehen werden?
Die Schüler übertragen die Ergebnisse der Gruppenarbeit in ihre Mappe und zeichnen ein Bild des jeweiligen Glücksbringers dazu.

Reflexion
Redekette: Bringen Glücksbringer wirklich Glück? Evtl. Studie noch dazu: Glücksbringer können wirklich helfen.

Selbstständig produktives Erschließen
Anhand der Leitfragen gestalten die Schüler in Partnerarbeit eine Zusammenfassung des Textes.

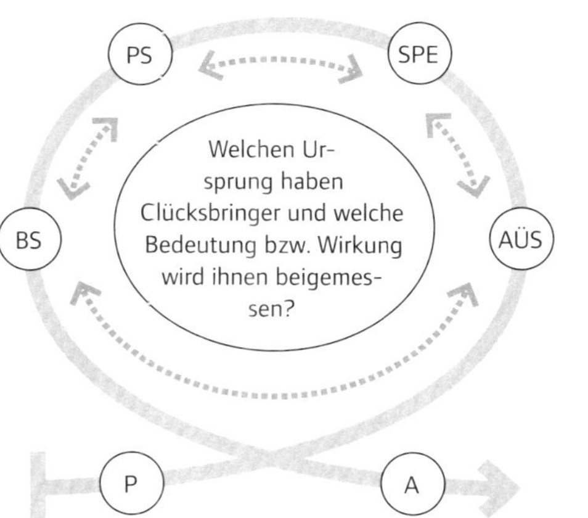

Auftragsübergabe
Gruppen sind bereits gebildet.
Ziel der Gruppe: Findet heraus, warum euer gewählter Glücksbringer von den meisten Menschen als solcher angesehen wird.
Vorgehen: Schreibt zu eurem Glücksbringer auf jede Metaplankarte ein Stichwort, mit dessen Hilfe ihr den anderen Mitschülern die Informationen aus dem jeweiligen Text zum gewählten Glücksbringer mitteilen könnt.
Zeitvorgabe: 10–15 Minuten, Uhrzeit zur Orientierung wird festgelegt.

Problematisierung
Jeder von euch hat einen individuellen Glücksbringer. Aber gibt es Glücksbringer, die von den meisten Menschen als Glücksbringer angesehen werden? Warum bringt der Glücksbringer Glück? Oder bringen Glücksbringer überhaupt Glück?

Übergeordnete Handlungskompetenz
Die Schüler reflektieren die Wirkung von Glücksbringern, indem sie in Partnerarbeit Informationen zu allgemeinen Glücksbringern auf Plakaten zusammenfassen, im Plenum diese vorstellen und gemeinsam über die Wirkung von Glücksbringern, konkretisiert anhand der bespielhaften Glücksbringer, im Plenum generalisieren.

Medien/Material
- → Plakate
- → Glücksbringer
- → Bilder der Glücksbringer
- → Eddings
- → Magnete/Kreppband

2. Thema der Unterrichtsreihe: „Wie sag ich's meinem Kinde?" – Kinder und Jugendliche in ihrer Trauer verstehen und begleiten (ca. 15 Std.)

Thema der Einzelstunde: Vom Schweren und Leichten – persönliche Annäherungen an das Thema Tod und Trauer für angehende Erzieher/innen

Phase/Zeit	Inhalt und Aktivitäten (Lehrer [L] bzw. Schülerinnen und Schüler [SuS])	Methode/ Sozialform	Medien/Material
Anschlussbildung und Auftragsübergabe (15 min)	Begrüßung Stundeneinstieg: L liest Auszüge aus der Predigt einer Pfarrerin vor → Was wird hier thematisiert? → Wie reagieren die Menschen auf die Erfahrung von Sterben und Tod (Trauer, Tränen, Trost, Hoffnung auf Gott)? ‚Klagemauer' und ‚Hoffnungsbogen': Arbeitsauftrag an S an Tafel: → 1. Wenn Leben endet: Was macht dir Angst, wenn du an Sterben und Tod denkst? Notiere einen Gedanken, ein Wort oder einen Satz auf deinen Stein, tausche dich mit deinem Sitznachbarn darüber aus und legt dann eure Steine an die ‚Klagemauer'. → 2. Wenn Leben endet: Woran glaubst und worauf hoffst du? Was gibt dir Trost und Zuversicht? Schreibe einen Gedanken auf deine Folie, tausche dich mit deinem Sitznachbarn darüber aus und befestigt dann eure Schriftstücke am ‚Hoffnungsbogen'!	LV L-S-Gespräch	• Bereich für Klagemauer mit schwarzem Tuch • Gespannter Hoffnungsbogen • Textblatt mit Auszug aus der Predigt nach dem Flugzeugabsturz • Steine • Transparentfolien • Filzschreiber • Folienschreiber • Pinnnadeln • Bindgarn • Holzklammern
Selbstständig-produktives Erschließen (15 min)	SuS beschriften in EA Stein und Transparentfolie. SuS tauschen sich mit ihrem Sitznachbarn aus und fügen ihren Stein / ihre Folie der ‚Klagemauer' und dem ‚Hoffnungsbogen' hinzu.	EA PA	Beschriftete Steine und Folien

Bespre-chungs-/ Reflexions-situation (15 min)	Auftrag: Betrachtung der ‚Klagemauer' und des ‚Hoffnungsbogens' durch SuS → Eindrücke, Überraschendes, Merk- und Frag-Würdiges Plenumsgespräch und Ausblick (mögl. Fragen): → Was ist mir an ‚Klagemauer' und ‚Hoffnungsbogen' aufgefallen? → Wo stellen sich mir nun neue Fragen? Welche? → Was hat die Frage nach Sterben und Tod mit mir zu tun?	 Plenums-gespräch	‚Klagemauer' und ‚Hoffnungsbogen' aus SuS-Beiträgen

Die Planung einer Unterrichtsreihe

Bei der Gestaltung einer Unterrichtsreihe können Sie Ihre Unterrichtsplanungen konkretisieren und kreative und lernförderliche Lernarrangements entwickeln. Die didaktische Abschnittsplanung wird wegen der guten Übersichtlichkeit meist in Tabellenform dargestellt. Dabei bieten sich sehr unterschiedliche Darstellungsmöglichkeiten an. Erfragen Sie in Ihrem Studienseminar bzw. bei Ihren Ausbildern, welche Form gewünscht ist.

Die didaktische Abschnittsplanung gibt Ihnen von Beginn an Struktur, Halt und Orientierung. Am Anfang der Ausbildung, wenn die ersten Unterrichtsstunden geplant werden, denken viele Referendare nur von Stunde zu Stunde. Wie kann ich die 45 bzw. 90 Minuten in der Klasse mit Inhalt füllen? Im ersten Moment erscheint dieses Vorgehen einfacher und auch nicht so zeitaufwendig. Irgendwann geraten Sie hier aber an Ihre Grenzen und verlieren den Überblick, denn die Fülle der Einzelstunden wird Sie überfordern. Daher müssen Sie in größeren Einheiten denken und die Einzelstunden in ein Ganzes einbetten.

Sie orientieren sich zunächst an den Vorgaben der Rahmenpläne und des Lehrplanes, die in einem schulinternen Arbeitsplan eventuell nochmals konkretisiert worden sind. Dort finden Sie bereits erste Hinweise zu den Kompetenzen. Fragen Sie bei Fachkollegen nach, welche Vorgaben es für die Klasse gibt.

Auch bei der Planung der Unterrichtsreihe blicken Sie – wie bereits bei den Einzelstunden erläutert – zunächst auf das Ende.

Welche Kompetenzen sollen die Schüler am Ende der Unterrichtsreihe erworben haben?

Erst danach können Sie den konkreten Weg dorthin planen. Auch hier ist es der falsche Weg, die Medien, Materialien und Methoden zu den Einzelthemen aneinanderzureihen. Eine Unterrichtsreihe ist keine Aneinanderreihung von Einzelstunden. Es muss ein innerer Zusammenhang erkennbar sein. Achten Sie bereits am Beginn der Planungen auf den roten Faden, der sich durch die Reihe ziehen soll.

Erst aus dem strukturierten Zusammenspiel vieler Faktoren (Kompetenzen, Materialien, Medien, Methoden, Rahmenbedingungen, Lerngruppe etc.) entwickeln Sie die gute Unterrichtsreihe. Sie müssen bei der Planung der Unterrichtsreihe didaktische und methodische Entscheidungen treffen, die anfangs sehr verwirrend und zeitintensiv sein können.

Bringen Sie eine klare Struktur in Ihre Planungen. Nach der Festlegung der Themenbereiche für die Einzelstunden und die jeweilige Kompetenzbeschreibung können Sie mit der Grobplanung beginnen. Auch hier brauchen Sie eine hinführende Unterrichtsstunde. Sie planen Erarbeitungs- und Übungsstunden sowie einen Abschluss der Unterrichtsreihe. Bei der konkreten Planung der Einzelstunden greifen Sie auf Ihren Materialpool und Ihr Methodenrepertoire zurück, die im Laufe der Jahre immer umfangreicher werden. Und vergessen Sie nicht, dass Sie sich bei der Planung der einzelnen Religionsstunden an den Schülern und den Kompetenzen orientieren. Planen Sie jede Stunde im Detail.

Tipps

- „Weniger ist mehr!" Beschränken Sie sich auf das Wesentliche und üben Sie, gute Materialien, Medien und Methoden effektiv einzusetzen.
- Auch inhaltlich sollten Sie sich für eine begründete Auswahl von Einzelaspekten des Themas entscheiden. Die Schwerpunkte können von Klasse zu Klasse variieren.
- Wählen Sie aus der Vielzahl von Lebensweltbezügen, Handlungs- und Lernmöglichkeiten die für Ihre Lerngruppe passenden aus.
- Setzen Sie sich nicht nur fachlich, sondern auch persönlich mit der Thematik auseinander. Dies kann Ihre Planungen positiv beeinflussen.
- Achten Sie darauf, dass Sie die Materialflut im Griff behalten und legen Sie sich eine überschaubare Ordnungsstruktur an.
- Behalten Sie einen „Plan B" im Hinterkopf, der bei unvorhergesehenen Ereignissen greifen soll.

- Arbeiten Sie daran, Ihre Entscheidungen methodisch-didaktisch zu begründen. Neben strukturellen und sachlogischen Fragen sollten Sie auch hier die Schüler im Blick behalten.
- Überprüfen Sie immer wieder den Zeitansatz, den Sie variabel und situativ gestalten sollten.
- Bringen Sie Abwechslung in die Gestaltung der Unterrichtsreihe. Neben einer Textarbeit sind auch spielerische Elemente oder außerschulische Lernorte eine Bereicherung des Religionsunterrichts.
- Bauen Sie immer wieder Freiräume für Wiederholung und Sicherung ein.
- Vergessen Sie bei den Planungen nicht die Phasen für Leistungsüberprüfungen und Reflexionen.

Literatur

ENGLERT, RUDOLF (2007): Bildungsstandards für Religion. In: SAJAK, CLAUS PETER (Hrsg.): Bildungsstandards für den Religionsunterricht – und nun? Berlin 2007, 9–28.

WEINERT, FRANZ EMANUEL (2003): Leistungsmessungen in Schulen. Weinheim.

Internet

AVIVA-MODELL
http://edudoc.ch/record/87665/files/0610_staedeli_d.pdf

BISCHÖFLICHES GENERALVIKARIAT, Hauptabteilung Schule und Erziehung (Hrsg.): Fit in Religion. Kompetenzorientiert unterrichten.
http://www.bistum-muenster.de/downloads/Schule_und_Erziehung/2015/KuS0911_online.pdf

FISCHER; ELSENBARST (2006): Grundlegende Kompetenzen religiöser Bildung. Zur Entwicklung des evangelischen Religionsunterrichts durch Bildungsstandards für den Abschluss der Sekundarstufe I. Münster.
http://www.sander-gaiser.de/Bildungsstandardscomenius.pdf

HEMEL, ULRICH: Religiöse Kompetenz als Ziel des Religionsunterrichts
http://institut-fuer-sozialstrategie.de/wp-content/uploads/2015/05/rel_vortrag_religioese_kompetenz.pdf

KOMPETENZORIENTIERTER RELIGIONSUNTERRICHT IN DER KURSSTUFE. Zentrale Projektgruppe Katholische Religionslehre https://lehrerfortbildung-bw.de/faecher/religion/gym/fb3/1_theorie/7_zusammenfassung_lehrerfortbildungsserver.pdf

LEHRPLÄNE BBS
http://berufsbildendeschule.bildung-rp.de → BBS → Lehrpläne

Leitfäden Studienseminar
http://studienseminar.rlp.de/bbs/trier → Downloadbereich → Leitfaeden
www.kmk.org → Dokumentation und Statistik → Beschlüsse und Veröffentlichungen → Allgemeine Bildung → Abiturprüfung in der gymnasialen Oberstufe → Einheitliche Prüfungsanforderungen in der Abiturprüfung Katholische Religionslehre
Zimmermann, Mirjam: Planung von Religionsunterricht Vorarbeiten, Unterrichtsentwurf, Evaluation
www.uni-bielefeld.de/theologie/lehre/Zimmermann-2006-Planung_Religionsunterricht.pdf

2.5 Der Lehrplan als Wegweiser

Jedes Fach hat bestimmte Anforderungen, an die sich jede Lehrperson zu halten hat. Diese sind im Lehrplan verankert und für die Fachlehrer verbindlich. So wird einer thematischen Beliebigkeit vorgebeugt. Auch wenn es in den jeweiligen Bundesländern unterschiedliche Schwerpunkte gibt, geben die Lehrpläne genau vor, was gelernt werden muss, da diese die Grundsätze und Aufgaben des Unterrichts deutlich machen.

Die Lerninhalte werden in kompetenzorientierten Lehrplänen umgesetzt. Der Lehrplan gibt Struktur und Anhaltspunkte vor, die jedoch nicht unbeweglich sind. Die Lehrpläne sind so aufgebaut, dass Themen gewählt werden können. Nichtsdestotrotz wird durch die vorgegebenen Themen ein Grundwissen in unterschiedlichen Themenfeldern gewährleistet. Dennoch können diese individuell auf die Lerngruppe angepasst und ergänzt werden. So gelingt es, dass Sie nah bei den Schülern sind und diese in ihrem Denken und Handeln weiterbringen können.

Wenn an Ihrer Schule ein Schulbuch eingeführt wurde, müssen Sie dieses auch auf den Lehrplan hin überprüfen. Auch wenn Sie dazu angehalten sind, eingeführte Lehrbücher zu benutzen, so passt nicht immer jedes Kapitel zu Ihrer Schülergruppe. Bleiben Sie daher erfinderisch und ergänzen oder verändern Sie Aufgaben, um Ihnen, den Schülern, aber auch dem Lehrplan gerecht zu werden.

Die Kultusministerkonferenz hat – im Unterschied zu anderen Fächern – keine Nationalen Bildungsstandards für den Religionsunterricht festgelegt. Diese Aufgabe hat auf katholischer Seite die Deutsche Bischofskonferenz mit den Richtlinien für Bildungsstandards für den katholischen Religionsunterricht in der Sekundarstufe I und für die Grundschule übernommen. Auf evangelischer Seite hat die EKD Kompetenzen und Standards für den Evangelischen Religionsunterricht in der Sekundarstufe I veröffentlicht.

In den meisten Schulen gibt es neben den Lehrplänen auch noch Arbeitspläne, die Struktur und Vorgehensweise beim Unterrichten vorgeben. Informieren Sie sich vorab in Ihrer Schule, ob es solche Pläne gibt.

2.6 Das Lehrbuch im Religionsunterricht

In einigen Jahrgangsstufen sind Religionsbücher zugelassen und eingeführt. Ist dies der Fall, dann sollten Sie diese Bücher auch verwenden.

Schulbücher werden regelmäßig überprüft, da sie bestimmte Kriterien erfüllen müssen. Neben dem Lehrplanbezug müssen sie unter anderem dem jeweiligen Schulgesetz des Bundeslandes entsprechen und mit der Verfassung konform sein. Ist dies nicht der Fall, wird den Büchern keine Genehmigung erteilt bzw. sie verlieren diese. Auf katholischer Seite prüfen erst die Kirche in Form einer durch die Deutsche Bischofskonferenz übertragenen Schulbuchkommission und dann der Staat, ob die Bücher zugelassen werden können.

Die Religionsbücher sind in vielen Fällen hilfreich und bieten Informationen und Anregungen durch Texte, Bilder oder Leitfragen. Auch helfen Sie Ihnen dabei, Ihrem Religionsunterricht eine Struktur zu geben. Da die Schulbücher meist nur eine Sammlung von Ideen und Materialien bieten, müssen Sie diese methodisch-didaktisch aufarbeiten und an Ihre Bedürfnisse anpassen.

Nutzen Sie die Gelegenheit am Anfang Ihrer Ausbildung, um sich einen Überblick über das Schulbuchangebot für den Religionsunterricht zu verschaffen. Manche Angebote werden in der Schulbibliothek vorhanden sein. Andere können Sie sicherlich in gebrauchter Form günstig im Internet erwerben. Zwar können die Schulbücher in Steinbrucharbeit als Material-Fundgrube genutzt werden, sinnvoll erscheint es aber auch, die Konzeption der einzelnen Schulbücher näher zu betrachten. Dies könnte z.B. das Thema einer Seminarveranstaltung sein. Manche Verlage ergänzen die Schulbücher mit Zusatzmaterialien wie Kopiervorlagen, Aufgabenstellungen oder methodisch-didaktischen Kommentaren. Der Schulbuchmarkt ist groß und vielfältig. Für Sie als Religionslehrer ist es wichtig, dass Sie das an Ihrer Schule eingeführte Religionsbuch für die jeweilige Klassenstufe einsetzen und damit arbeiten, aber die angebotenen Materialien kritisch hinterfragen.

Da die Schulbücher keine aktuellen Bezüge zu Themen oder Fragestellungen haben, müssen Sie diese immer wieder ergänzen. Dabei können Sie häufig auf die inhaltlichen Grundlagen der Schulbücher aufbauen (z. B.: Sterbehilfe, Dilemmasituationen, Krieg und Gewalt). Sie bieten meist einen guten thematischen Überblick mit anregenden methodischen Impulsen.

Ein lebensnaher Religionsunterricht hat immer die Lebenswirklichkeit der Schüler und die aktuellen Themen im Blick. Somit wird das Leben zum besten Lehrbuch!

Sie als Lehrer und ihr Jäger- und Sammlerinstinkt sind daher immer wieder aufs Neue gefragt. Sie müssen entscheiden, was für Ihre Schüler gerade interessant und wichtig erscheint. Und das Anregende daran ist, dass die Lehrpläne für den Religionsunterricht meist sehr offen gestaltet sind und Sie somit viele Möglichkeiten und Freiheiten in der konkreten Unterrichtsgestaltung haben. Die aktuellen Bezüge finden Sie in der Informationsflut des Internets, die von Ihnen klug gefiltert werden muss. Auch das Fernsehen bietet mit seinen Reportagen, Talkshows und Dokumentationen zusätzliche Informationen, die die Schulbücher im Unterricht ergänzen können.

Tipps

- Seien Sie ein Jäger und Sammler und legen Sie sich frühzeitig einen guten und abwechslungsreichen Fundus mit unterschiedlichen Büchern und Materialien an.
- Bei fast allen Schulbuchverlagen erhalten Sie als Referendar Rabatte auf die Bücher. Nutzen Sie diese Gelegenheit und kaufen Sie sich viele unterschiedliche Materialien für alle Altersstufen. So haben Sie einen Grundfundus an Materialien und Ideen für Ihren fachlich und methodisch guten Religionsunterricht.
- Sprechen Sie sich mit Kollegen ab und tauschen Sie Materialien aus.

Literatur

MILLER, GABRIELE (2001): Artikel Religionsbücher: katholisch. In: Lexikon der Religionspädagogik II. Göttingen, 1682–1684.

Internet

www.bildungsserver.de/Zugelassene-Lernmittel-und-Schulbuecher-522.html

2.7 Fair und transparent benoten

„Es gibt Fächer und Lernbereiche, in denen wenig oder gar nicht geprüft wird und in denen trotzdem viel gelernt bzw. für die Entwicklung der Schüler getan werden kann. Ich denke da an das soziale Lernen oder den Religionsunterricht" so FELIX WINTER (2004, 41). Doch ist dies wirklich so? Wird im Religionsunterricht nicht geprüft? Religion ist ein ordentliches Lehrfach. Daher werden die vom Schüler erbrachten Leistungen auch bewertet. Diese Note wird wie in jedem anderen Schulfach im Zeugnis dokumentiert. Sie ist folglich für die Versetzung oder Nicht-Versetzung relevant.

Im Studienseminar, sei es im allgemeindidaktischen Seminar oder in Ihrem Fachseminar, erfahren Sie alles Notwendige über die Bedeutung von Noten und deren Gewichtung. Vieles werden Sie aus Ihrem Studium kennen. Bezugsnormen, wie Gütekriterien, Vor- und Nachteile der Notengebung sind Bestandteil jedes Lehramtsstudiums. Daneben finden Sie im Schulgesetz wie auch in den Prüfungsordnungen festgelegte Vorschriften.

Bei den Notenschlüsseln bzw. der Punkteverteilung kann es bei Abteilung bzw. Jahrgängen zu Abweichungen kommen. Fragen Sie von Beginn an bei Kollegen, Mentoren oder der Schulleitung nach, wie die Notenskalen bei Ihnen an der Schule verwendet werden. So können Sie frühzeitig die Zielsetzungen und Konzepte für die schriftliche und mündliche Notengebung in Ihren Unterricht einarbeiten.

Achten Sie darauf, dass Sie für jeden Schüler mehrere Noten am Halbjahresende oder Schuljahresende zur Verfügung haben. Nur die Mitarbeit reicht für eine Zeugnisnote nicht aus. Benoten Sie auch unterschiedliche Leistungen der Schüler. Nutzen Sie dabei die Vielfalt von Methoden, die Ihnen für die Notengebung zur Verfügung stehen sowie die zahlreichen neuen Wege. Es muss nicht immer eine Hausaufgabenüberprüfung oder eine „normale" Klassenarbeit sein, in denen Sie das Können und Wissen Ihrer Schüler abfragen. Vergleichen Sie die Schüler miteinander, aber bedenken und beachten Sie auch immer den jeweiligen individuellen Lernfortschritt, den ein Schüler macht.

Entgegen anderer Meinungen dürfen Sie schlechte Noten verteilen. Auch als Religionslehrer dürfen und sollen Sie das ganze Notenspektrum – von 1 bis 6 – ausfüllen. Eines sollte Ihnen aber klar sein: Noten haben Macht. Sie dürfen sie nicht leichtfertig vergeben. Gerade wenn es um eine Versetzung oder Nicht-Versetzung geht, sollten sie fachlich wie pädagogisch die Festlegung der Note bedenken. Sie greifen damit stark in das Leben eines Schülers ein. Höhere Schulabschlüsse und bessere Noten führen dazu, dass die Schüler größere Chancen im Leben haben und einen höheren Stand in der Gesellschaft genießen. Lassen Sie daher auch pädagogische Aspekte in Ihre Notengebung einfließen.

Denken Sie außerdem daran, dass Religion nicht zu einem „Laberfach" verkommen darf. Im Religionsunterricht haben die Schüler die Möglichkeit, viel zu reden, ihre Meinung zu sagen und kritisch zu diskutieren. Aber es gibt auch Faktenwissen, das erlernt und angewendet werden muss. Sie können immer benoten, was ein Schüler über ein Thema weiß, wie er sich ausdrückt, welches Handlungsprodukt er erstellt. Die Benotung muss aber unabhängig von der persönlichen Meinung oder Glaubensentscheidung des Lernenden geschehen.

Machen Sie Ihre Leistungsbewertung nachvollziehbar und transparent.

Geben Sie den Schülern regelmäßig Rückmeldung, aber machen Sie dies nicht nur über Noten. Gerade bei schwächeren Schülern kann sich dies negativ auf die bereits schwachen Leistungen auswirken. Reden Sie mit den Schülern, nehmen Sie sie ernst und zeigen Sie, dass Sie die Schüler als Menschen und nicht wegen ihren Leistungen wertschätzen. Häufig zahlt es sich bei mündlichen Noten jeglicher Art aus, dass die Schüler sich zuerst selbst einschätzen. Es ist interessant zu sehen, wie Selbst- und Fremdwahrnehmung sich unterscheiden oder übereinstimmen.

Am Ende gilt: Sie sind der Lehrer. Sie machen die Noten. Sie haben sich dabei etwas gedacht. Lassen Sie sich nicht auf unnötige Diskussionen mit den Schülern ein. Suchen Sie aber bereits im Vorfeld das Gespräch mit den Schülern. Machen Sie Ihre Leistungsbewertung transparent. Erklären Sie ihnen, was Sie erwarten, was Sie wünschen, wie Sie den Lernenden sehen. Seien Sie ehrlich und bestärken Sie die Schüler. Sie werden überrascht sein, wie gut die Lernenden sich selbst einschätzen können und wie sehr sich die Lehrer-Schüler-Beziehung durch ehrliche, nachvollziehbare Bewertungsgespräche verbessert.

Doch seien Sie sich bewusst, dass Noten zum Unterricht und somit zur Schule gehören. Aber sie sind nicht alles. Die Begegnungen und das füreinander Dasein, die Ermöglichung von Erfahrungen, die Unterstützung, über die Fragen des Glaubens und des Lebens nachzudenken und für sich Antworten zu finden, ist das Wesentliche. Religionsunterricht ist mehr als das, was gemessen wird bzw. gemessen werden kann (DKV 2003, These 3).

Beispiel für alternative Notengebung – Portfolio

Das Portfolio ist wie ein Schaufenster. Man kann nicht alles hineinstellen und muss entscheiden, wie und was man präsentiert. Es dokumentiert die individuellen Bemühungen, Fortschritte, Leistungen und Ergebnisse des Schülers. In ihm können die Schüler alle für sie wichtigen Arbeitsergebnisse zu einem Thema sammeln, kreativ Aufgaben lösen oder sogar Kunstwerke erstellen. Sie visualisieren und reflektieren das Unterrichtsthema.

> Portfolios sind sowohl produkt- als auch prozessorientiert. Jeder Lerner kann daher entscheiden, welches Produkt er abgibt und auf welche Weise er es reflektiert, um seinen Lernfortschritt zu dokumentieren.

Als Lehrperson können Sie nicht nur den Inhalt, sondern auch die kreative Umsetzung, den Weg des Lernens und das Reflexionsvermögen bewerten. Um die Schüler aber nicht zu überfordern, sind im Vorfeld Informationen über Ziele, Umfang, Auswahl der Produkte und Bewertung zu geben. Folgende Fragen können den Schülern bei der Arbeit helfen:

1. Wo stehe ich im Moment? Was habe ich bisher geleistet? Was fehlt noch?
2. Habe ich schon genug Material gesammelt?
3. Habe ich die Beiträge kreativ umgesetzt?
4. Habe ich begründet, warum ich diese Inhalte ausgewählt habe?
5. Was ist mir leicht gefallen? Was ist mir schwer gefallen? Warum?
6. Wie weit habe ich die vorgegebenen Ziele schon erreicht?
7. Was sind meine nächsten Schritte bei der Arbeit am Portfolio?
8. Brauche ich Unterstützung? Wobei brauche ich Hilfe? Wer könnte mir dabei helfen?

Beachten Sie: Neben der Notengebung ist eine abschließende Würdigung und Wertschätzung der Arbeit unverzichtbar.

Beispiel für alternative Notengebung – Lerntagebuch

Ein Lerntagebuch wird dann eingesetzt, wenn Sie zu einer Vertiefung des Themas beitragen wollen, denn die Schüler müssen den Stoff nachbereiten und reflektieren. Dies bezieht sich nicht auf den gesamten Lernstoff, sondern nur auf Aspekte, die für den Schüler subjektiv bedeutsam sind.

Das Lerntagebuch wird regelmäßig geschrieben, da es nur so den Lernprozess fördern kann. Immer wieder wird während des Lernprozesses gefragt, ob alle Zusammenhänge verstanden worden sind. So kommt es zu einer kontinuierlichen Reflexion der Lernerfahrungen. Dies führt zu einem besseren Verständnis des eigenen Arbeitsverhaltens. Folgende Fragen können den Schülern helfen:

1. Welche Inhalte sind nützlich, sodass ich sie nur behalten und nochmals zusammenfassen muss?
2. Habe ich Beispiele aus meinem Leben, die den Inhalt unterstützen?
3. Welche Aspekte des Themas fand ich interessant und welche nicht? Warum?
4. Kann ich Bezüge zu bereits Gelerntem herstellen?
5. Kann ich Bezüge zwischen dem Thema im Religionsunterricht und anderen Fächern herstellen?
6. Welche Fragen habe ich noch zu dem Thema?
7. Kann ich das Gelernte für mein Leben nutzen?
8. Was ist mir aufgefallen?
9. Was ist mir noch nicht klar? Wo habe ich noch Fragen?

Literatur

BOVET, GISLINDE / HUWENDIEK, VOLKER (2008) (Hrsg.): Leitfaden Schulpraxis: Pädagogik und Psychologie für den Lehrberuf. Berlin.

DKV (2003): Leistungsbewertung und Notengebung in der Schule und Religionsunterricht. Neun Thesen aus dem Vorstand des Deutschen-Katecheten-Vereins: München.

WEINERT, FRANZ E. (2014) (Hrsg.): Leistungsmessung in der Schule. Weinheim/Basel.

WINTER, FELIX (2004): Neue Lernkultur – aber Leistungsbewertung von gestern? In: BARTNITZKY, HORST / SPECK-HAMDAN, ANGELIKA (Hrsg.): Leistungen der Kinder wahrnehmen – würdigen – fördern. Beiträge zur Reform der Grundschule, Bd. 118. Frankfurt/M., 41–53.

2.8 Die Balance zwischen Kognition und Emotion finden

Wie in keinem anderen Fach müssen wir im Religionsunterricht ein Gleichgewicht zwischen Kognition und Emotion finden. Im Mittelpunkt der Gespräche stehen oft die Menschen und ihr Leben mit den großen und kleinen Fragen. Das kann Gefühle hervorrufen, die Sie bei der Planung des Religionsunterrichts berücksichtigen sollten. So kann etwa das Thema „Tod und Sterben" zu plötzlichen emotionalen Belastungen bei den Schülern führen, mit denen Sie als Lehrer dann umgehen müssen.

Überlegen Sie sich genau, welche Reaktionen (Wut, Trauer, Erregung, Rückzug, Nachdenklichkeit) bestimmte Fragestellungen auslösen können, dann können Sie selbst in solchen Situationen entsprechend professionell reagieren. Sie können auch dies üben, indem Sie sich nach und nach immer mehr zutrauen und ausprobieren. Es sollte aber nicht heißen, dass Sie alle „heißen Eisen" ignorieren oder sie nur auf einer sachlichen Ebene abhandeln.

- Wie weit will ich bei existenziellen Themen Emotionen zulassen?
- Kann ich damit umgehen oder rege ich etwas bei den Schülern an, was ich nicht steuern oder auffangen kann?

2.9 Ich unterrichte Religion, und das ist gut so!

Sie stellen sich mit drei weiteren Referendaren mit ihren Fächern in der neuen Schule vor. Es kommt ein Kollege auf ihre Gruppe zu. Der erste Referendar sagt: „Ich habe die Fächer Mathe und Physik." Darauf der Kollege: „Das ist ja toll! Wir haben zwar schon viele Kollegen mit dieser Kombination, aber wir können nie genug gute Kollegen haben." Daraufhin äußert der zweite Referendar: „Ich habe die Fächer Deutsch und Sozialkunde." „Oh wunderbar", sagt der Kollege, „jeder Zweite hier hat zwar Deutsch, aber gerade Deutsch ist ganz wichtig." Der dritte Referendar stellt sich vor: „Ich habe Deutsch und Englisch." „Perfekt, Sprachen kann man nie genug haben! Das ist eine Bereicherung!", erwidert der Kollege.

Nun sind Sie an der Reihe. Sie wissen, dass es an Ihrer neuen Schule viel zu wenig Religionslehrer gibt und dass in vielen Klassen kein Religionsunterricht angeboten wer-

den kann. Daher sagen Sie überzeugt: „Ich unterrichte Religion und Deutsch!“ Der Kollege sieht Sie entgeistert an: „Sie haben Religion!? Sie sehen aber gar nicht so aus! Dass die immer noch Religionslehrer ausbilden!? Das Fach wird doch gar nicht gebraucht und ist so sinnlos. Gerade bei einer Trennung von Staat und Kirche sollte es diesen Unterricht hier nicht geben. Aber Deutsch ist gut! Dann können Sie ja hauptsächlich Deutsch unterrichten.“ Bevor Sie etwas antworten können, ist der Kollege verschwunden.

Mit solchen oder ähnlichen Situationen werden Sie als Religionslehrer immer wieder konfrontiert. Nicht Sie als Lehrer werden abgelehnt oder in Frage gestellt, sondern Sie als Fachlehrer für Religion. Die Sinnfrage für das Fach wird Ihnen von Kollegen, Freunden, aber auch von den Schülern gestellt werden.

Jetzt könnte man meinen, dass Sie von vornherein keinen guten Stand im Kollegium oder bei den Schülern haben. Aber das ist nicht so! Sie sind lediglich in besonderer Weise angesprochen. Während ein Mathelehrer nicht nach seiner Berechtigung gefragt wird oder sich Schüler aus seinem Unterricht abmelden können, müssen Sie sich dieser Herausforderung stellen. Dazu einige Hinweise und Anregungen:

Ich als Religionslehrer: Werben Sie mit Ihrer Person und seien Sie dabei authentisch. Sie dürfen und sollten sich durchaus den kritischen Anfragen der Schüler stellen. Sprechen Sie darüber, warum Sie dieses Fach gewählt haben und was es Ihnen bedeutet. Vermeiden Sie dabei aber leere Phrasen oder Worthülsen. Solche Gespräche helfen Ihnen immer wieder dabei, sich Ihrer Rolle als Religionslehrer bewusst zu bleiben.

- Warum bin ich Religionslehrer geworden?
- Was hat mein persönlicher Glaube mit meinem Beruf zu tun?
- Darf ich auch kritisch gegenüber der Kirche eingestellt sein?
- Welchen Sinn hat Religion für mich?
- Glaube ich? Woran glaube ich?
- Gehe ich in den Gottesdienst?
- Was hat mich geprägt?
- Welche Vorteile hat das Fach?
- Was ist der Sinn von Religion in dem jeweiligen Bildungsgang?
- Welche Ängste, aber auch Hoffnungen habe ich in Bezug auf meinen Unterricht?

Mein Religionsunterricht: Gestalten Sie einen ansprechenden, methodisch und fachlich durchdachten Religionsunterricht, der die Schüler einlädt, über sich und ihr Leben nachzudenken, um davon ausgehend das Leben besser zu meistern. Besonders in der Anfangsphase am Beginn des Schuljahres sollten Sie für Ihr Fach werben und dessen Bedeutung im Fächerkanon verdeutlichen. Legen Sie offen, welche Vorstellungen Sie vom Religionsunterricht haben und wie Sie ihn gestalten werden. Natürlich sollten dies keine leeren Versprechungen sein. Ein spannender und ansprechend gestalteter Religionsunterricht, der die Schüler immer im Blick hat, ist die beste Werbung für Ihr Fach.

Sie werden immer wieder Schüler erleben, die Probleme mit dem Religionsunterricht haben oder ihn ganz ablehnen. Widerstände gegen Glaubensfragen oder das Thema Kirche werden offen verdeutlicht und ausgedrückt. Besonders am Beginn des Schuljahres kann das Fach hinterfragt werden. Das kann mit den schlechten Erfahrungen mit Religionsunterricht zu tun haben, aber auch mit der mangelnden religiösen Sozialisation. Da viele Schüler im Alltag wenig oder nichts mit Religion, Kirche oder Glauben zu tun haben, werden Sie in Ihrem Unterricht plötzlich mit unbekannten und fremden Themen konfrontiert.

Lassen Sie sich darauf ein und fragen Sie nach, warum dies so ist. Wichtig sollte sein, dass die Schüler am Ende eine „begründete Stellungnahme“ abgeben. „Weil ich Geschenke zum Fest bekommen“ oder „Weil es eben so ist“ ist keine Aussage, die Sie im Religionsunterricht zufriedenstellen sollte. Dies ist jedoch eine Gratwanderung: Flüchtige Meinungen und oberflächliche Aussagen der Schüler sollten hinterfragt und begründet werden. Gleichzeitig gilt es aber, den religiösen bzw. nicht-religiösen Standpunkt der Schüler, der reflektiert dargebracht wird, zu respektieren.

Sie als Religionslehrer müssen sich immer wieder dieser spannenden Herausforderung stellen. Sie werden nicht nur als Fachlehrer angefragt, sondern als Person und Mensch. Vermeiden Sie es, bei den kritischen Anfragen und Widerständen in eine Verteidigungsrolle zu verfallen. Stehen Sie als Religionslehrer für die positive Bedeutung des Religionsunterrichts für die Schüler und für die Schule. Zeigen Sie dies in Ihrem guten Religionsunterricht!

Literatur

Bosold, Iris / Kliemann, Peter (Hrsg) (2003): Ach, Sie unterrichten Religion? Methoden, Tipps und Trends. München.

2.10 Die Abiturprüfung planen und durchführen

Die Kultusministerkonferenz hat einheitliche Prüfungsanforderungen für die Abiturprüfung im Fach Religion verfasst. Diese geben Ihnen alle Rahmenbedingungen und Umsetzungen vor, die Sie wissen und beachten müssen. Darüber hinaus gilt: Religion ist ein ordentliches Prüfungsfach und unterliegt denselben Regeln und Anforderungen wie andere Prüfungsfächer.

In der Prüfung werden Fakten und Inhalte abgefragt. Die Schüler müssen Erkenntnisse anwenden und Positionen argumentativ begründen sowie reflektieren. Als Religionslehrer ist es Ihre Aufgabe, die Ergebnisse objektiv zu sichten und gerecht zu beurteilen. Bei der Vorbereitung auf die Prüfung können Sie Ihre Schüler begleiten und unterstützen. Dazu einige Tipps und Hinweise:

1. Zeigen Sie den Schülern, dass Sie immer wieder nachfragen können, wenn sie etwas nicht verstanden haben oder wenn sie Hilfe brauchen. Haben Sie ein offenes Ohr für die Bedürfnisse der Lernenden.
2. Stärken Sie das Selbstvertrauen der Schüler. Unterstützen Sie und motivieren Sie die Lernenden positiv.
3. Üben Sie mit den Schülern frühzeitig unterschiedliche Lernstrategien und Lerntechniken ein.
4. Geben Sie den Schülern zum Üben immer wieder zusätzliche Beispielaufgaben mit einem entsprechenden Bewertungssystem.
5. Formulieren Sie nach jedem Themenbereich Prüfungsfragen, damit die Schüler sich besser auf die Abiturprüfung vorbereiten können.
6. Achten Sie darauf, dass die Schüler nicht auf „den letzten Drücker" lernen. Eine gute und langfristige Vorbereitung vermeidet Hektik und Stress in der Prüfungsphase.
7. Eine gute Prüfung zeichnet sich dadurch aus, dass der Prüfling sich ein umfangreiches Wissen erarbeitet hat und dieses dann ohne viele Zwischenfragen der Prüfungskommission wiedergeben kann. Üben Sie das Reden mit den Schülern durch Präsentationen oder Kolloquien. Dadurch erhalten sie ein sicheres Auftreten, das für die Prüfungssituation hilfreich ist.
8. Viele Schüler wählen Religion, weil sie meinen, dass dies das vermeintlich leichtere Fach sei! Doch auch hier sind Inhalte und Fachwissen unerlässlich. Darüber hinaus müssen die Schüler das Wissen anwenden und ihre eigene Meinung ver-

treten. Sie müssen eine begründete Stellungnahme abgeben können. Da dies nicht einfach ist, sollten diese Kompetenzen frühzeitig erlernt und eingeübt werden.

9. Versuchen Sie, den Schülern die Angst vor der mündlichen Abiturprüfung zu nehmen, indem Sie simulierte Prüfungen anbieten. Damit wissen die Abiturienten, was auf sie zukommt. Die übrigen Schüler in der Klasse fungieren als Zuhörer oder als Prüfer. Somit sind ein Lerngewinn und eine Wiederholung der unterrichtlichen Inhalte für alle Beteiligten gegeben.

Internet

www.kmk.org/fileadmin/Dateien/veroeffentlichungen_beschluesse/1989/1989_12_01-EPA-kath-Religion.pdf

3 Das Handwerk: Motivierende Lernszenarien

3.1 Zum Einsatz von Methoden im Religionsunterricht

Szene 1: Die Lehrperson betritt den Klassenraum. „Wir wollen heute über das Gebet sprechen. Schlagt in eurem Religionsbuch die Seite 54 auf. Sabine, lies bitte vor." Der Text wird von verschiedenen Schülern vorgelesen. Der Lehrer stellt unterschiedliche Fragen zum Text, die von den Schülern beantwortet werden. Die Lehrperson schreibt einige zusammenfassende Sätze an die Tafel. Die Schüler schlagen ihr Heft auf und schreiben den Text ab.

Szene 2: Im Klassenraum liegen eine Vielzahl unterschiedlicher Bibelausgaben auf Tischen aus. Auch mehrere Online-Bibeln können an iPads durchstöbert werden. Die Schüler haben eine Liste mit von ihnen erstellten Kriterien und Fragen, nach denen sie die Bibelausgaben kritisch sichten. Die Ergebnisse werden anschließend präsentiert und ausgewertet.

Dies sind zwei sehr unterschiedliche Beispiele, wie Religionsunterricht verlaufen kann: langweilig oder spannend, ermüdend oder motivierend, lehrerzentriert oder schülerorientiert. In einem abwechslungsreich gestalteten Religionsunterricht, der handlungs- und schülerorientiert gestaltet ist, schaffen Sie als Lehrer Lehr- und Lernbedingungen, in denen die Schüler sich eigenverantwortlich und aktiv mit Problemstellungen auseinandersetzen können. Sie leiten die Schüler dazu an, Lerninhalte selbstständig organisiert und eigenverantwortlich zu erschließen.

> In einer positiven Lernatmosphäre, die geprägt ist von respektvollem Umgang und einem entspannten und angstfreien Unterrichtsklima, wird das Interesse der Schüler geweckt und das aktive Lernen angeregt.

Der Lernprozess wird nachvollziehbar strukturiert und durch sinnvoll eingeplanten Methodenwechsel sowie ein anregendes Lernarrangement motivierend gestaltet. Dabei sollten Sie Ihre didaktischen Entscheidungen sachlogisch und theoriegeleitet begründen und daraus methodische Schlüsse ziehen können. Sie strukturieren kompetent die Lernprozesse mit einem breiten Repertoire von Unterrichtsformen, Arbeitsmaterialien, Medien und Methoden, die sie schülergemäß und lernförderlich einsetzen. So fördern Sie tiefgehende Verstehens- und Reflexionsprozesse und die Aneignung von Kompetenzen. Dabei achten Sie auf heterogene Lernvoraussetzungen und reagieren durch differenzierte Aufgabenstellungen und gezielte Fördermaßnahmen.

Sie sollten stets darauf achten, dass Methoden immer nur Werkzeuge sind, mit deren Hilfe in einem kompetenzorientierten Religionsunterricht Inhalte entfaltet und motivierende Lernumgebungen geschaffen werden. Wenn Sie sich für ein bestimmtes methodisches Vorgehen entscheiden, sollten diese Methoden vor allem die angestrebten Kompetenzen unterstützen. Der Methodeneinsatz sollte systematisch geplant und schrittweise durchgeführt werden. Nicht sinnvoll ist eine Anhäufung von unterschiedlichen Methoden, die aneinandergereiht werden. Dies geht häufig auf Kosten der inhaltlichen Tiefe. Also: Weniger ist mehr!

Grundsätzlich sollten Sie darauf achten, dass die Methoden zu Ihnen, zu der Lerngruppe und zum Thema passen. Experimentieren Sie vor allem während Ihrer Ausbildung mit den unterschiedlichsten Methoden und legen Sie sich nach und nach ein Methodenrepertoire an.

Auf den folgenden Seiten finden Sie einige Hinweise auf Methoden und Medien, die Sie dabei unterstützen, einen spannenden und abwechslungsreichen Religionsunterricht zu planen und zu gestalten.

Literatur

Thömmes, Arthur (2006): Unterrichtseinheiten erfolgreich abschließen. 100 ergebnisorientierte Methoden für die Sekundarstufe. Mülheim/Ruhr.

Thömmes, Arthur (2007): Produktive Arbeitsphasen. 100 Methoden für die Sekundarstufe. Mülheim/Ruhr.

Thömmes, Arthur (2014): Unterrichtsphasen erfolgreich gestalten. Das große Methodenhandbuch für die Sekundarstufe. Mülheim/Ruhr.

Thömmes, Arthur / Niehl, Franz W. (2014): 212 Methoden für den Religionsunterricht. München.

Thömmes, Arthur (2015): 55 Methoden Ethik. einfach, kreativ, motivierend. Donauwörth.

Thömmes, Arthur (2016): Spannende Unterrichtsmethoden. Anregungen für einen motivierenden Schulalltag. In: PÄDAGOGIK 02/2016, 8–11.

Thömmes, Arthur (2016): Die 200 besten Unterrichtsmethoden für die Sekundarstufe: Bewährte Ideen für jede Gelegenheit. Mülheim/Ruhr.

3.2 Lust auf mehr: Unterrichtseinstiege

In einem ganzheitlichen Sinne geht es beim Unterrichtseinstieg nicht nur darum, das Interesse und die Lernbereitschaft der Schüler zu wecken. Der Einstieg in den Religionsunterricht beginnt bereits, wenn Sie die Klasse betreten.

Es wird die Grundlage dafür bereitet, dass Sie als Lehrer und die Schüler im Unterricht ankommen. So ermöglichen Sie ein Unterrichtsklima, in dem die Schüler motiviert mitarbeiten können. Das kann entscheidend für den gesamten Verlauf einer Unterrichtsstunde sein.

Ideen zum Ankommen

Einstiegsrituale sind hilfreich, um den Schülern das Ankommen zu erleichtern. So kommen sie zur Ruhe und verarbeiten Anspannungen, Ärger, Stress oder Unruhe. Eine kurze Zeit der Stille oder angeleitete Ruhe- und Konzentrationsübungen (Atemübungen, Bewegung, Meditation, Muskelentspannung) sollten feste Bestandteile des Unterrichts sein, die je nach Bedarf an die Lerngruppe angepasst werden können. Auf diese Weise können alle – auch der Lehrer – neue Kräfte sammeln und im Unterricht fortfahren.

Aber auch mit Ihrer Art der Begrüßung oder der Frage nach der Befindlichkeit („Wie geht es euch?“, „Was gibt es Neues?“) setzen Sie als Religionslehrer ein besonderes Zeichen. Eine fest installierte „Klagemauer“ und ein „Lustgarten“ machen die Gefühlslage anschaulich.

Mithilfe eines Stimmungsbarometers erhalten Sie Einblicke in die Gefühlslage der Schüler, die entscheidend für die weitere Arbeitsatmosphäre sein kann.

Bei sichtbaren Ermüdungserscheinungen ist es sinnvoll, die Fenster zu öffnen, tief durchzuatmen und sich ein wenig zu bewegen (Holz hacken, Äpfel pflücken, gähnen, lachen etc.).

Wenn Sie bereit sind, sich auf diese persönliche und emotionale Phase des Unterrichts einzulassen, sollten Sie daran arbeiten, situativ und spontan zu reagieren. Das geht manchmal auf Kosten ihrer weiteren Unterrichtsplanungen. Denn hier stehen die Schüler und ihre Befindlichkeit im Vordergrund. Denken Sie dabei auch an Ihr eigenes Ankommen im Unterricht und bei den Schülern.

Ideen zum thematischen Einstieg

Der thematische Einstieg kann die Neugier und das Interesse der Lernenden auf ein neues Thema wecken und deren Motivation fördern. Die Schüler entwickeln zunächst eigene Ideen und Fragen und werden zur Problemstellung hingeführt. Als Methoden eignen sich dazu z. B. Blitzlicht, Schreibgespräch, Brainstorming, Brainwalking, ABC-Liste, Assoziationen, Kreuzworträtsel oder ein Ideenbaum. Mithilfe eines Kugellagers oder einer Murmel-Runde können die Schüler sich austauschen. Bei einer Smalltalk-Runde bewegen sich die Schüler im Raum, die Zusammensetzung der Gruppen wechselt dabei mehrmals. Dabei können unterschiedliche Medien (Bilder, Karikatur, Kurzfilm, Zeitungsausschnitt, Podcast) zur Auseinandersetzung anregen.

Als Unterrichtseinstieg mit informativem Charakter bietet ein Lernmarkt (Themenbasar, Markt der Möglichkeiten) unterschiedliche Materialien (Fachbücher und -artikel, Video- und Audiostationen, Spiele, Lexika und Nachschlagewerke, Internetseiten sowie Anschauungsgegenstände) mit fachlichen Informationen. Bei diesem offenen Lernarrangement können die Lernenden mit vorgegebenen Aufträgen und Fragen recherchieren. Dabei können auch Vorwissen und Erfahrungen abgerufen und daran anknüpft werden. Bei diesen Einstiegsmethoden werden die Schüler bereits in der ersten Unterrichtsphase aktiviert, um so auch ein schülerzentriertes und selbstorganisiertes Arbeiten im weiteren Verlauf vorzubereiten.

Natürlich eignen sich auch lehrerzentrierte Methoden, um in ein Thema einzusteigen. Halten Sie ein kurzes Impulsreferat oder erzählen Sie eine anregende Geschichte. Auch eine Provokation kann hier eine motivierende Wirkung zeigen.

Im Sinne einer transparenten Struktur sollten Sie die Schüler in der Anfangsphase über den geplanten Unterrichtsverlauf informieren.

Unterrichtsbeispiel

Zum Thema „Weltreligionen" werden passende Gegenstände, Bücher, Texte, Filme, Fotos, Lieder, Musik, Kunstwerke, Arbeitsblätter etc. auf Tischen und an Wänden verteilt. Die Schüler erkunden die Materialien und erhalten so einen motivierenden Überblick über das Thema. Dies kann in Einzel- oder Partnerarbeit geschehen. Anschließend setzen sich die Schüler in einen Sitzkreis und berichten von den Ergebnissen ihrer thematischen Erkundungen. In vorbereiteten Arbeitsaufträgen können die Recherchen auch gezielt strukturiert werden.

Literatur

THÖMMES, ARTHUR (2005): Produktive Unterrichtseinstiege. 100 motivierende Methoden für die Sekundarstufe. Mülheim/Ruhr.

3.3 Erarbeitungsphase

Es gibt eine Vielzahl von Methoden, die schülergemäß und lernförderlich eingesetzt eine kreative und abwechslungsreiche Erarbeitungsphase der Schüler ermöglichen. Bestenfalls kommt es zu einer Vernetzung von kognitivem, sozialem und persönlichem Lernen sowie kreativem und praktischem Handeln.

Unterrichtsgespräche inszenieren und gestalten

Jedes Unterrichtsfach verfügt über einen speziellen Wortschatz, mit dessen Hilfe die fachlichen Zusammenhänge genauer erläutert werden können. Das ist auch im Religionsunterricht der Fall. Aufgrund der religiösen Sozialisation verfügen manche Schüler bereits über ein Grundverständnis. Dies ist jedoch mangels erlebter religiöser Praxis heute nur noch selten der Fall. Die religiöse Sprache wird somit zu einer Fremdsprache, die man erst erlernen muss. Also übernimmt der Religionslehrer die Aufgabe, die Schüler mit der religiösen Sprache vertraut zu machen. An Ihrem Sprachgebrauch können die Schüler beispielhaft erfahren, wie die Sprachformen des Glaubens unsere Vorstellungen von Wirklichkeit erweitern und bereichern. Das kann für Sie zu einer mühsamen Übersetzungsarbeit werden.

Die richtigen Fragen stellen

Sie können Ihr Gesprächsverhalten gerade in der Ausbildung ausprobieren und erweitern. Dabei ist für Sie eine der wichtigsten Aufgaben: Wie lerne ich, die richtigen Fragen zu stellen? Wie kann ich durch meine Fragen Impulse geben und die Schüler aktivieren? Machen Sie sich zunächst bewusst, dass es unterschiedliche Arten von Fragen gibt: Denkfragen, Wissensfragen, Gefühlsfragen, Verständnisfragen, ablaufgerichtete Fragen, geschlossene und offene Fragen sowie weite und enge Fragen. Auf diesem Feld müssen Sie viel experimentieren und bereit sein für Rückmeldungen Ihrer Ausbilder. Denn durch das richtige und gut durchdachte Fragen können Sie einen Lernprozess bei den Schülern anregen. Dabei tauchen immer wieder die gleichen Anfangsfehler auf:

- Die Echofrage, bei der die Schüleräußerung in Form einer Frage wiederholt wird.
- Die Aneinanderreihung von mehreren Fragen, wobei die Schüler nicht wissen, auf welche Frage sie denn nun antworten sollen.
- Die vielen W-Fragen, die weniger ein Gespräch anregen, sondern ein Frage-Antwort-Quiz vermuten lassen.
- Suggestivfragen und rhetorische Fragen, die den Unterrichtsprozess nicht wirklich unterstützen.

Lehrerfragen sollen Schüler zu selbstständigen Denkprozessen anregen, die es ihnen ermöglichen, zu eigenen Erkenntnissen und Schlussfolgerungen zu gelangen. Die richtige Art des Fragens ist eine entscheidende Voraussetzung für guten Unterricht. Nutzen Sie die Fragen als echte aktivierende Gesprächsimpulse und verknüpfen Sie diese mit Erfahrungen und konkreten Problemstellungen. Wichtig in einem kompetenzorientierten Religionsunterricht sind die Schülerfragen, die angemessen berücksichtigt werden sollten. Also: Lernen Sie gemeinsam mit den Schülern, gute und richtige Fragen zu stellen, die wirklich fruchtbar sind für den Lernprozess! Folgende Gesprächsformen gibt es:

1. **Das gelenkte Unterrichtsgespräch:** Sie machen die Schüler mit einem Thema vertraut, aktivieren ihr Vorwissen und regen sie zum Nachdenken an. Die Schüler stellen Rückfragen und sprechen über ihre Ideen. Sie lenken das Gespräch in eine gewisse Richtung und geben zusätzliche Informationen und Impulse.
2. **Das fragend-entwickelnde Unterrichtsgespräch:** Sie lenken als Lehrer das Gespräch und formulieren die Problemstellung, die für alle Schüler verständlich ist. Mithilfe Ihrer Fragen und Impulse entwickeln die Schüler im Gespräch unterschiedliche Lösungswege.
3. **Das offene Unterrichtsgespräch:** Schüler und Lehrer sind gleichberechtigte Gesprächspartner und äußern ihre Meinung, ihr Wissen und ihre Erfahrungen. Die Gesprächsmoderation kann auch ein Schüler übernehmen.
4. **Diskussion, Debatte, Streitgespräch, Pro- und Kontra:** Es gibt feste Gesprächsregeln, an die sich alle Teilnehmer halten. Es werden kontroverse Positionen ausgetauscht, die die Auseinandersetzung mit Inhalten unterstützen. Die Gesprächsform soll vor allem die Urteils- und Argumentationskompetenz verbessern.

5. **Erfahrungsbezogene persönliche Gespräche:** Achten Sie darauf, wenn im Religionsunterricht bestimmte Themen emotionale Reaktionen bei den Schülern auslösen. Das können etwa Themen wir Tod und Sterben, Selbstmord, Krankheit, Leid oder Angst sein. Manche Lerngruppen lassen sich gerne auf erfahrungsbezogene Gespräche ein. Die Gesprächsführung sollte dabei sehr behutsam und einfühlsam sein. Sprechen Sie dieses Thema bei Unsicherheiten in Ihrem Fachseminar an.

Tipps zur Förderung der Gesprächskompetenz:

- Reden Sie klar, verständlich und anschaulich.
- Respektieren Sie Ihre Schüler.
- Verwenden Sie unterschiedliche Gesprächsformen und Methoden, damit die Kommunikation lebendig bleibt und alle Schüler interessiert mitreden können.
- Reden Sie nicht zu laut und nicht zu viel.
- In einem erfahrungsbezogenen Religionsunterricht hat vor allem das aktive Zuhören eine große Bedeutung.
- Kommentieren Sie dosiert und fragen Sie nach, wenn etwas unklar formuliert wurde.
- Achten Sie auf Ihren Gesprächsanteil.
- Gehen Sie achtsam und wertschätzend mit Schüleräußerungen um.
- Legen Sie die Gespräche im Religionsunterricht einfühlsam und partnerschaftlich an.
- Bringen Sie durch Ihre Gesprächsmoderation Lehrerzentrierung und Schüleraktivierung in ein gesundes Gleichgewicht.
- Gesprächsregeln können hilfreich sein, sind aber nicht immer eine Lösung.
- Wichtige Grundlage ist eine gute Beziehungsarbeit, ein gutes Gesprächsklima und gegenseitiger Respekt.
- Niemand sollte bloßgestellt werden, wenn er sich am Unterricht beteiligt und Position bezieht.
- Achten Sie auf Ihre Körpersprache (Zuwendung, Blickkontakt, Ruhe ausstrahlen).
- Helfen Sie den Schülern mit Ihren Fragen und Impulsen, eine Problemlösung Schritt für Schritt zu finden.
- Achten Sie bei persönlichen Gesprächsbeiträgen auf Nähe und Distanz.

Unterrichtsbeispiele

Die biblische Gesprächsrunde: In einem Innenkreis sitzen sechs Personen, die alle eine Rolle im Leben Jesu gespielt haben (z. B. Petrus, Maria, Zachäus, Pilatus, Josef von Arimatäa). Sie treffen sich zu einem kontroversen Gespräch nach dem Tod Jesu. Die Frage lautet: „Warum musste Jesus sterben?" Die Gesprächsteilnehmer sitzen in einem Innenkreis. Den Außenkreis bilden die restlichen Schüler. Ein Teilnehmer des Innenkreises führt als Moderator durch das Gespräch. Nach einer einleitenden Runde (ca. 5 Minuten) und einem ersten Austausch über die Problematik kann die Runde in Ruhe und ohne Aufsehen ausgetauscht werden.

- Ein Schüler aus dem Außenkreis geht zur Mitte und löst einen Gesprächsteilnehmer ab. Er legt ihm die Hand auf die Schulter, setzt sich auf dessen Platz und beteiligt sich an der Diskussion.
- Umgekehrt kann ein Teilnehmer des Innenkreises zu einem Teilnehmer des Außenkreises gehen und ihm eine Hand auf die Schulter legen. Der Aufgeforderte geht in die Mitte, setzt sich auf den freien Stuhl und beteiligt sich am Gespräch.

Auch der Moderator kann abgelöst werden.

Als Variante bietet sich an, dass ein Stuhl im Innen- und im Außenkreis frei bleibt. Wenn ein Schüler den Platz besetzt, muss ein anderer Gesprächsteilnehmer seinen Platz frei machen.

Diese wechselnde Gesprächsrunde eignet sich auch für andere Themen des Religionsunterrichts. Durch die wechselnde Runde bleibt das Gespräch lebendig und spannend. Zurückhaltende Schüler werden so gut aktiviert.

Spielerisch lernen

Das spielerische Lernen bietet im Rahmen des Religionsunterrichts einen motivierenden und kreativen Zugang zu den unterschiedlichsten thematischen Bereichen. Durch den ganzheitlichen Ansatz bietet das Spielen eine Kompetenzerweiterung in persönlichen, kognitiven, sozialen, emotionalen, motorischen und imaginativen Bereichen. Die Schüler werden dazu angeregt, spielerisch sich selbst, die Mitmenschen und die Welt zu entdecken.

Für einen Religionsunterricht, in dem sich die Schüler mit der religiösen Weltdeutung und der christlichen Tradition vertraut machen, die Welt in ihrer Vielfalt erschließen, sich die eigene Identität und den Sinn des Lebens erschließen, bietet der Einsatz von Spielen eine breite Palette von aktivierenden Möglichkeiten. Das Spielen im Religionsunterricht ermöglicht eine handlungsorientierte Alternative zu einem kopf- und textlastigen Unterricht, da das Spielen den Schülern Raum lässt für Kreativität, Fantasie und Selbstbestimmung. Das Spielen im Religionsunterricht will neben der Freude am Spiel auch Lern- und Kommunikationsprozesse fördern. Dabei können die Schüler wichtige Kompetenzen erwerben, die den Lernerfolg fördern.

Sie lernen, Regeln einzuhalten und schlüpfen in fremde Rollen. Sie entwickeln Fantasie, Empathie, Teamgeist und lösen spielerisch Konflikte. Und natürlich darf der Spaß beim Spielen nicht fehlen.

Es eignen sich verschiedene Spielarten, die in unterschiedlichen Unterrichtsphasen einsetzbar sind: Kennenlernspiele, Motivationsspiele, Kommunikationsspiele, Wissensspiele, Ratespiele, Schreibspiele, Rollenspiele, Selbsterfahrungsspiele oder Kreativspiele.

Unterrichtsbeispiele für Spiele

Sinnscout: In unterschiedlichen Räumen und Stationen werden „Sinnspuren" (Texte, Bilder, Filme, Musik, Podcast u. a.) gelegt. Die Schüler versetzen sich in die Rollen von Sinnscouts und machen sich auf die Suche nach Antworten auf die wichtigen Fragen des Lebens.

Forumtheater: Einige Schüler entwickeln eine kurze Spielhandlung zu einer Problemstellung. Die Szene wird ein erstes Mal vorgeführt. Beim zweiten Spielen kann das Publikum in die Spielhandlung eingreifen und Rollen übernehmen. Es entstehen nach und nach neue Spielhandlungen mit immer neuen Lösungsszenarien.

Biblische Pressekonferenz: Personen einer biblischen Erzählung stellen sich der Presse (z. B. kann sich Jesus nach der Bergpredigt der Presse stellen oder Adam und Eva nach der Vertreibung aus dem Paradies).

Reli-Tabu: Auf Tabu-Karten mit bestimmten Begriffen werden Wörter gesammelt, die beim anschließenden Ratespiel nicht genannt werden dürfen. Die Karten können die Schüler in einer Wiederholungs- und Sicherungsphase selbst entwerfen. Ein fertiges Reli-Tabu finden Sie beim Erzbischöflichen Jugendamt München und Freising (www.eja-muenchen.de) und fertige Karten bei www.4teachers.de.

Onlinespiele: Im Internet findet sich eine Vielzahl an Onlinespielen für den Religionsunterricht: Wer wird Biblionär? (www.hillschmidt.de/quiz), Spielesammlung der EKD (https://www.ekd.de/spiele/44280.html), ein Quiz der Religionen (http://religionen-entdecken.de/quiz/startseite) oder AT-Helden (www.at-helden.de/spiel/).

Literatur

THÖMMES, ARTHUR (2010): 101 Spiele für den Religionsunterricht für Kinder von 6 bis 10 Jahren. Mülheim/Ruhr.

THÖMMES, ARTHUR (2009): Spiele zur Unterrichtsgestaltung: Religion und Ethik. Mülheim/Ruhr.

Kreative Textarbeit

Das Christentum ist eine Buchreligion, die sich an der Bibel orientiert. Das geschriebene Wort ist eine wesentliche Grundlage des christlichen Glaubens und somit auch der Glaubensvermittlung. Sachtexte setzen sich mit den Themen der Religion auseinander und erschließen deren Sinn. Auch im Rahmen des Religionsunterrichts werden Sachtexte und literarische Texte eingesetzt, um sie gemeinsam mit den Schülern zu erschließen. Dabei muss das Arbeiten mit Texten keine langweilige Angelegenheit sein. Durch den Einsatz kreativer Methoden kann die Auseinandersetzung mit Texten zu einer spannenden Sache werden. Arbeiten mit Texten ist mehr als Unterstreichen, Markieren oder Randbemerkungen vornehmen. Hilfreich ist dabei ein strukturiertes Arbeiten und ein schrittweises Erschließen von Texten: 1. Textbegegnung (vorlesen, anhören, assoziieren, Textpuzzle erstellen etc.), 2. Texterschließung (gliedern, Leitfragen erarbeiten, Bild- oder Filmsequenzen erarbeiten, Textsoziogramm erstellen etc.), 3. Auseinandersetzung mit dem Text (umformen oder aus einer anderen Perspektive erzählen, aktualisieren, Antitext erstellen etc.), 4. Textaneignung und -sicherung (Bibelquiz, Schreibwerkstatt etc.).

Für die Textarbeit im Religionsunterricht ist bedeutsam: Der Glaube erzählt Geschichten, die Orientierung stiften. Die Bibel erzählt vor allem Begegnungs- und Hoffnungsgeschichten. Viele Texte haben einen narrativen Charakter, der im Religionsunterricht kreativ entfaltet werden kann. Daher kann das Erzählen von Geschichten im Religionsunterricht zu einer anregenden Praxis werden.

Unterrichtsbeispiele

Auf der Suche nach Antworten auf die Sinnfrage können die Schüler in einer Schreibwerkstatt ihre Gedanken, Hoffnungen, Ängste, Wünsche, Traurigkeiten oder Mutmacher ausdrücken. Das können Gedankensplitter, Märchen, Briefe, Liedtexte, Gedichte oder Anekdoten sein. Auch bietet ein Blog im Internet die Möglichkeit, ein Thema in kreativer Schreibarbeit zu begleiten.

Assoziationen: Vor der Auseinandersetzung mit einem Text werden die Schüler zunächst mit ca. 10 Schlüsselbegriffen aus dem Text konfrontiert. Zu den Begriffen, die jeweils auf einem Blatt notiert sind, sollen die Schüler ihre Assoziationen aufschreiben. Das können Fragen, Thesen oder auch Symbole sein. Anschließend unterhalten sich die Schüler darüber, worum es in dem zu erwartenden Text gehen soll. Als Variante können die Schüler mit den Begriffen einen Vortrag oder eine Geschichte erzählen, bevor sie den Text erhalten.

Populäre Musik im Religionsunterricht

Ein zeitgemäßer und interessanter Religionsunterricht sollte offen sein für die Lebenswelten Jugendlicher. Wovor haben sie Angst? Was macht ihnen Mut? Was brauchen sie, um in ihrem Leben klar zu kommen? Woher nehmen sie ihre Ideale und was ist ihnen wichtig im Leben? Wer sich mit Jugendlichen und deren Lebensgefühl beschäftigt, muss sich auch mit deren Musik auseinandersetzen. Rhythmus, Musik oder Text spiegeln ihre Einstellung zum Leben. Auch bietet die populäre Musik eine Vielzahl von Liedern, die sich mit Themen des Religionsunterrichts auseinandersetzen. Es ist ihre Musik und ihre Sprache, die sie verstehen und die das ausdrückt, was sie fühlen und denken.

Somit ist die Musik ein hervorragendes Medium, um Fragen zu stellen, nach Antworten zu suchen und mit den Schülern ins Gespräch zu kommen. Wenn ich mit der Musik der Jugendlichen im Unterricht arbeite, muss ich diese als einen Teil ihres Lebens ernst nehmen. Bei der praktischen Arbeit mit den Musiktiteln sind einige Grundsätze zu beachten:

- Die Musik ist oft zu schade, um sie nur als motivierenden Einstieg zu nutzen. Sie kann für eine ganze Unterrichtseinheit als roter Faden dienen.
- Die Texte sollten nicht zu sehr analysiert und seziert werden, wie dies etwa im Deutschunterricht geschieht, denn sie sind ein Teil der Lebenswelt der Schüler.
- Es ist die Musik der Jugendlichen, die das ausdrückt, was ihnen wichtig ist. Das sollte ich respektieren.
- Es müssen nicht alle Titel von allen für gut gehalten werden, denn Musik ist bekanntlich Geschmackssache. Ich kann als Lehrer Interesse zeigen und die Schüler lernen untereinander ein respektvolles Miteinander.

Eine Sammlung von methodischen Anregungen zur Arbeit mit populärer Musik findet sich unter der Internetadresse www.fundgrube-religionsunterricht.de/37.html. Das Internet ist eine Fundgrube für Liedtexte. Interpreten, Musikrichtungen und Texte lassen sich mit wenigen Mausklicks finden und auch eine Volltextsuche ist möglich. Zur Anregung weitere Surftipps: www.songvista.net, www.songtexte.com, www.magistrix.de.

Es lohnt sich, die Schüler als Experten zu gewinnen, die Ihnen die Musik liefern, die Sie für den Religionsunterricht suchen. Viele Anregungen finden sich auch in Musikvideoportalen wie YouTube oder MyVideo. Und hier noch ein Link zu aktuellen Musikvideos: www.fundgrube-religionsunterricht.de/154.html

Auch das Singen, Tanzen und Musizieren kann im Religionsunterricht einen Platz haben. Das religiöse Liedgut ist umfangreich und es gibt viele Sammlungen und Liederbücher mit jugendgemäßem Liedgut. Dabei kann eine Zusammenarbeit mit dem Musiklehrer hilfreich sein. Vor allem bei der Vorbereitung von Gottesdiensten oder Meditationen kann hierauf zurückgegriffen werden. Weitere methodische Möglichkeiten sind das Bewegen nach Musik, die Vertonung von biblischen Geschichten, das Malen und Meditieren mit Musik.

Unterrichtsbeispiel
Eine anschauliche Methode zur Erarbeitung eines Songs besteht darin, den Songtext zu visualisieren. Es werden passende Bilder fotografiert oder im Internet gesucht. Mit einem Computerprogramm bzw. einer App (z. B.: Windows Movie Maker) werden diese aneinandergereiht, sodass ein Film mit der entsprechenden Musik entsteht. So können sehr unterschiedliche visualisierte Interpretationen entstehen.

Literatur

THÖMMES, ARTHUR (2009): Gott in der populären Musik. Jahrbuch der Religionspädagogik Nr. 25, 230–238.

THÖMMES, ARTHUR (2009): Glück und Sehnsucht in der populären Musik. Kontakt-Informationen zum Religionsunterricht im Bistum Augsburg 02/2009, 21–24.

THÖMMES, ARTHUR (2008): Gott ist ein Rockstar. Populäre Musik im Religionsunterricht. München.

Offene und projektorientierte Unterrichtsformen

Mithilfe handlungsorientierter Methoden offener Arbeit können die Schüler Lerninhalte selbstständig organisieren und Themen und Fragestellungen eigenverantwortlich erschließen. Der Unterricht wird methodisch und organisatorisch geöffnet. Die Schüler entscheiden selbst, wie lange, mit wem und was sie lernen.

Für den Lehrer bedeutet dies nicht, dass er sich bequem zurücklehnen kann, während die Schüler arbeiten. In der Vorbereitung müssen Materialien ausgesucht oder Aufgaben formuliert werden. Der Ablauf muss strukturiert und die Lernumgebung anregend gestaltet werden. Während des Unterrichts müssen Sie das Interesse und die Neugier der Schüler sowie ihre Bereitschaft zum selbstständigen Arbeiten wecken. Sie regen die Entdeckerfreude an und begleiten und beraten die Schüler während der Arbeitsphase. Am Ende werden die Arbeitsergebnisse gesichert oder präsentiert.

Unterrichtsbeispiele

Projektarbeit – Lernen durch kreatives Handeln: Unter Projektarbeit versteht man die Gestaltung einer planvollen, handlungsorienterten und selbstgesteuerten Arbeitsphase, in der sich die Schüler mit Themen und Problemstellungen auseinandersetzen. Die Arbeitsphase kann durchaus 6 bis 10 Doppelstunden betragen. Die Projektarbeit gliedert sich in mehrere Phasen:

1. Planung: Die Schüler entwickeln in Arbeitsgruppen aus einem übergeordneten Thema eine konkrete Aufgabenstellung. Die Arbeit wird gemeinsam strukturiert (Aufgabenverteilung, Vorgehen, Zeit- und Materialplan, Gestaltung der Präsentation).
2. Durchführung: Die Teams recherchieren und sammeln Informationen (unterschiedliche Quellen und außerschulische Lernorte). Die Ergebnisse werden in Texten, Grafiken, Bildern, Filmen, Liedern, Zeichnungen etc. verarbeitet.
3. Präsentation: Die Arbeitsergebnisse werden vorgestellt.
4. Reflexion: In einem Sach- und Erfahrungsbericht reflektiert jeder Schüler das gesamte Projekt. Dabei kann ein Projekttagebuch, in dem die Erfahrungen und Lernerfolge notiert werden, hilfreich sein.
5. Aus- und Bewertung: Jedes Gruppenmitglied erhält eine individuelle Bewertung, die auf einzelne Kompetenzen (Sach-, Sozial, Personal- und Sozialkompetenz) Bezug nimmt. Entwickeln Sie selbst unterschiedliche Bewertungskriterien, die Sie den Schülern am Beginn der Projektarbeit vorstellen.

Stationenlernen: Im Klassenraum sind mehrere Lernstationen mit vorbereiteten Aufgaben und Arbeitsmaterialien zu einem Lernthema aufgebaut. Die Stationen sind mit Namen oder Nummern gekennzeichnet. Die Aufgabenstellung sollte verständlich sein. Mithilfe eines Laufzettels und eines Kontrollblatts durchlaufen die Schüler die einzelnen Stationen. Sie bearbeiten die Aufgaben und setzen sich so mit dem Lerngegenstand aus verschiedenen Perspektiven und mit abwechslungsreichen Medien und Methoden auseinander. Es kann Wahl- und Pflichtstationen geben oder die Schüler entscheiden selbstständig die Reihenfolge, die Dauer der Bearbeitung und die Sozialform. Kontrolle und Korrektur nehmen die Schüler selbst vor. Wenn alle Stationen in der vorgegebenen Zeit durchlaufen sind, wird das Lernen gemeinsam reflektiert.

Lernmarkt bzw. Markt der Möglichkeiten: Der Klassenraum wird als Markt inszeniert, auf dem an verschiedenen Ständen unterschiedliche Materialien und Medien angeboten werden. Dazu gehören: Fachbücher, Lexika, Filme, Podcats, Notebooks mit vorbereiteten Internetseiten, Musik, Bildersammlungen etc. In einer vorgegebenen Zeit sichten die Schüler die Angebote. In einer Reflexionsrunde werden die Eindrücke ausgetauscht. Das offene Lernarrangement soll vor allem die Neugier der Schüler wecken und eine erste Auseinandersetzung mit einem Thema anregen. Als Ergebnis einer intensiven Arbeitsphase können die Schüler anschließend in einer kreativen Phase eine multimediale Ausstellung vorbereiten. Dabei wird das Thema aus unterschiedlichen Perspektiven und mit verschiedenen Medien präsentiert (Texttafeln, Bildcollagen, Informationsfilm, Erklärvideo, Skulpturen, gemalte Bilder). Ein anregendes Beispiel mit von Schülern gemalten Bildern („Die zehn Gebote") nach Motiven von Keith Haring finden Sie unter: www.fundgrube-religionsunterricht.de/zehn-gebote-keith-haring-.html

Bilder im Religionsunterricht

Wir leben in einer Zeit der Bilderflut, was die Arbeit mit dem Medium Bild im Religionsunterricht nicht einfach macht. Dabei ist das Bild nach wie vor ein starkes Medium, mit dessen Hilfe eine tiefgehende thematische Auseinandersetzung möglich ist. Im Bild lassen sich Gedanken, Ideen und Fragen so anschaulich darstellen, wie es mit Worten nicht möglich ist. Das betrifft das gemalte und das mit der Kamera aufgenommene Bild. In der kirchlichen Tradition hat das Bild im Laufe der Jahrtausende eine wichtige Bedeutung, denn es kann die Aussagen der Bibel und die Glaubensbotschaften anschaulich darstellen. Ansprechende Beispiele dafür finden sich in Kirchen und sakralen Räumen.

In der religionspädagogischen Arbeit mit Bildern ist dabei zunächst die Schulung der Medienkompetenz eine wichtige Grundlage. Wie können die Schüler das bewusste und konzentrierte Betrachten lernen? Wie rege ich als Lehrer einen fruchtbaren Dialog zwischen Betrachter und Bild an? Und damit beginnt auch schon das Problem der Bilderarbeitung im Unterricht, denn jede interpretierende Betrachtung und das Fassen in Worte ist eine recht subjektive Angelegenheit. Das Bild kann im Unterschied zur Sprache gleichzeitig mehrere Aspekte ausdrücken. Aus religionspädagogischer Sicht gibt es zwei hilfreiche Zugänge: Die bildimmanente Interpretation (Dialog zwischen Betrachter und Bild) und die kontextuelle Auslegung (Informationen sind hilfreich für die Interpetation).

Das Arbeiten mit Bildern im Religionsunterricht wird erschwert durch das massenhafte Konsumieren und Produzieren von Bildern. Die Überflutung macht schnell blind für das Detail und die symbolhafte Bedeutung der Bildersprache. So wäre es in einer ersten Übung wichtig, das ruhige und genaue Betrachten einzuüben.

Tipp

Gestalten Sie sich einen eigenen Fotoordner, den Sie sich aus unterschiedlichen Quellen (Zeitungen, Magazine, etc.) selbst zusammenstellen können. Die Bilder werden ausgeschnitten, auf ein weißes Blatt geklebt und in eine Klarsichtfolie gesteckt. Nach und nach können Sie Ihren Ordner erweitern.

Die Bilder werden im Klassenraum verteilt, anschließend betrachten die Schüler die Bilder und wählen ein Motiv aus. Anlass kann ein Thema oder eine zentrale Fragestellung sein, z. B.: „Wähle ein Foto, das dich besonders anspricht!“ Nach Auswahl stellt jeder Schüler sein Bild und seine Assoziationen dazu in wenigen Sätzen vor, ohne dass darüber diskutiert wird. Die Lehrperson kann durch gezielte Auswahl und Präsentation einiger Bilder einen Impuls setzen und den Blick auf ein Thema lenken. Die Bildimpulse können auch im kreativen Bereich genutzt werden, indem sie beispielsweise den Schülern als Inspiration zum Erfinden von Geschichten dienen.

Bilder eignen sich gut als Einstieg in ein Thema und zur Problematisierung. Sie erweitern das Wirklichkeitsverständnis und erleichtern den Zugang zu religiösen Vorstellungen und biblischen Texten.

In unserer digitalen Welt bietet das Internet einen reichhaltigen Schatz von Bildmaterialien. Auch die Möglichkeiten der Bearbeitung und Verfremdung sind vielfältig. Üben Sie das systematische Suchen mit den Schülern ein. Dazu sind etwa Bildsammlungen mit Stichwortsuche im Internet sehr hilfreich. Hier finden Sie einige gute Angebote: www.bildersuche.org, www.bilderpool.at, https://pixabay.com/de, https://commons.wikimedia.org, www.flickr.com, www.pixelio.de

Achten Sie dabei auf die Urheberrechte und nutzen Sie am besten nur lizenz- und gemeinfreie Fotos.

Unterrichtsbeispiele

- Verzögerte Bildbetrachtung: Nach und nach wird das Bild aufgedeckt, um es zu erschließen. Dabei kann das Bild auch zerschnitten und zusammengesetzt werden.
- Interview mit dem Bild: Die Schüler stellen Fragen zu einem Bild, die der Lehrer oder gut vorbereitete Schüler beantworten.
- Geschichten zu einem Bild erzählen: Die Schüler denken sich beim Erzählen in das Bild hinein und suchen sich darin einen Platz.
- Schrittweise Bilderschließung: 1. Was sehe ich auf dem Bild (Farben, Licht, Schatten, Personen, Gegenstände, Proportionen, Vordergrund, Mittelgrund, Hintergrund, Kontraste, Perspektive, Körpersprache etc.)? 2. Welche Assoziationen und Gefühle ruft das Bild bei mir hervor? 3. Was könnte das Bild aussagen?

Filme im Religionsunterricht

Die Zeit der Videokassetten, CDs und DVDs geht erkennbar zu Ende. Viele Jugendliche schauen sich Filme selten im Fernsehprogramm an. In einem riesigen Filmangebot können sie online auf die unterschiedlichsten Filme zugreifen und sie herunterladen oder im Stream (z. B.: Maxdome, Netflix, Amazon Prime, YouTube, Vimeo) anschauen. Filme werden vor allem zur Unterhaltung konsumiert. Der Einsatz von Filmen im Religionsunterricht dient aber nicht in erster Linie der Unterhaltung, sondern sie werden als Medium genutzt, um Lerninhalte anschaulich darzustellen. Durch eine gute methodisch-didaktische Planung können Filme ein wichtiger Bestandteil des Religionsunterrichts sein. Mithilfe der bewegten Bilder können Sachverhalte erläutert und sogar Geschichten unterhaltsam erzählt werden. Somit ist es ein sinnvolles Medium, mit dessen Hilfe eine Problematisierung und Auseinandersetzung angeregt werden kann. Sinnvollerweise kann mit Beobachtungsaufgaben die kritische und erschließende Betrachtung des Films unterstützt werden. Es geht also um eine aktive und kreative Auseinandersetzung mit dem Medium Film.

Tipps: Zeigen Sie den Film in einzelnen Sequenzen, die anschließend jeweils besprochen werden oder brechen Sie den Film vorzeitig ab und lassen Sie die Schüler mögliche Filmenden entwickeln, die dann mit dem Original verglichen werden.

Kurze Filme können Sachverhalte ansprechend erläutern. So erklärt z. B. die Reihe „Katholisch für Anfänger" auf einfache und humorvolle Weise Begriffe aus Christentum und Kirche („Was sind Sakramente?", „Was bedeutet Auferstehung?", „Wer war Jesus Christus?", „Was ist Nächstenliebe?"). Die Reihe können Sie hier finden: www.youtube.com/playlist?list=PLarPhgGhSYjD21k0FdIEbMHNwbmazdj4d

Eine ähnliche Seite gibt es für den evangelischen Religionsunterricht mit Themen wie „Die Konfirmation", „Die Barmherzigkeit", „Die Rechtfertigung", „Das Abendmahl oder „Das Beten" (www.youtube.com/results?search_query=E+-+Wie+Evangelisch).

Eine aufschlussreiche Reihe beschäftigt sich mit Fragen aus dem Bereich der Philosophie und Ethik: „Philosophisches Kopfkino": www.youtube.com/results?search_query=Philosophisches+Kopfkino

Themen der kurzen Filme sind z. B.: Wahrheit, Dialektik, Utopia, Freiheit, Hermeneutik, Idealismus oder Existenz.

Ein besonderes Filmgenre sind „Kurzfilme", die im Religionsunterricht – ähnlich wie Kurzgeschichten – in ihrer kurzen Form ein Problem darstellen und mit einem meist offenen Ende Anlass für intensive Gespräche bieten. Dabei werden beispielsweise Themen wie Sinnsuche, Religion, Menschenwürde, Beziehung oder Familie angesprochen. Filmtipps mit methodisch-didaktischen Anregungen finden sich unter www.medienstelle-osnabrueck.de und Filmsammlungen auf www.fundgrube-religionsunterricht.de/155.html, www.planet-schule.de und www.animationsfilme.ch/category/kurzfilme.

Auf http://cdn.ag-kurzfilm.de/100-kurzfilme-f-r-die-bildung.pdf findet sich eine Empfehlungsliste mit „100 Kurzfilmen für die Bildung".

Kurzfilme für Unterrichtszwecke können bei Filmdiensten und Medienstellen (oft kostenlos) ausgeliehen werden.

Lernvideos für den Religionsunterricht zu den unterschiedlichsten Themen (Biblische Gottesbilder, Trinität, Staat und Kirche im heutigen Deutschland, Ekklesiologie, Atheismus, Gottesvorstellungen, Verantwortungsethik, Bergpredigt etc.) finden Sie unter der Adresse: www.youtube.com/c/evreligionlernvideostg

Einen guten Überblick über religiöse Filme im Internet bietet die Seite www.relifilm.de/links.htm.

Unterrichtsbeispiele

In dem Kurzfilm „God is a DJ“ fällt ein Mann mit einem DJ-Equipment vom Himmel. Mit seinem Plattenteller kann er in den Ablauf der Dinge eingreifen. Er kann das Geschehen eines Unfalls rückgängig machen, was ihm einige Arbeit bereitet. Immer wieder muss er neu eingreifen, um den Lauf der Dinge zu lenken. Der Kurzfilm hat viele Deutungsmöglichkeiten (Greift Gott in das Geschehen der Welt ein oder ist alles nur Schicksal?). Der Betrachter muss aufmerksam sein und auch den ironischen Charakter des Films erkennen.

Auch in der Erarbeitungsphase des Religionsunterrichts kann das Medium Film mit kreativen Methoden eingesetzt werden: Ein Erklärvideo bietet die anregende und kreative Möglichkeit, einen Sachverhalt kurz und verständlich zu präsentieren. Ansprechend und schüleraktivierend können diese Wissensclips unterschiedliche Themengebiete behandeln. Dabei werden mithilfe von Zeichnungen auf Papier, zwei Händen und einem guten Zusammenspiel von Text, Bild und Ton komplexe Sachverhalte in einem nur wenige Minuten dauernden Video verständlich erklärt. Die Schüler erstellen zunächst ein Textkonzept (verständliche Formulierung eines Sachverhalts) und ein Storyboard (Visualisierung des Textes) und produzieren anschließend das Video. Dies kann bereits sehr ansprechend mithilfe eines Smartphones geschehen.

Die Schüler produzieren einen Film (Story, Reportagen, Clips, Interviews)

Das kann folgendermaßen ablaufen:

1. Die Filmidee: Die Schüler entwickeln gemeinsam eine Idee und setzen sie in eine Geschichte um.
2. Das Storyboard: Die Geschichte wird in einzelne Szenen aufgeteilt (Kamerapositionen).
3. Drehplan: Die Reihenfolge der zu drehenden Szenen wird festgelegt, außerdem Schauspieler, Statisten, Texte, Kameras, Licht, Mikrofone, Drehorte, Requisiten, Garderobe etc.
4. Filmdreh: Die geplanten Szenen werden aufgenommen.
5. Nachproduktion: Die Szenen werden in der richtigen Reihenfolge geschnitten, Musik und Geräusche werden eingesetzt und Effekte eingefügt.

> Bei einem kleinen Videoprojekt können bereits mit einem leicht verfügbaren Smartphone oder Tablet ansprechende und auch qualitativ gute Filme produziert werden.

Auch das Fernsehprogramm bietet immer wieder interessante Filmbeiträge, die sich für den Einsatz im Religionsunterricht gut eignen. Dazu gibt es verschiedene Newsletter, die die Programme der einzelnen Sender bereits nach brauchbarem Material gesichtet haben: http://schuldekan-schorndorf.de/ und www.bistum-trier.de/bereich- kommunikation-und-medien/medienkompetenz/fernsehtipps/

Die Bibel ins Spiel bringen

Das zentrale Medium des Religionsunterrichts ist die Bibel. Sie ist der erfolgreichste Bestseller aller Zeiten. Das machen folgende Zahlen deutlich: Die Bibel wurde in 2 355 Sprachen übersetzt (die komplette Bibel in 414 Sprachen, das Neue Testament in 1 068 Sprachen, einzelne biblische Bücher in 873 Sprachen).

Die Bibel ist vor allem ein Glaubensbuch und eine anregende Fundgrube für Sinnsucher. Im Alten und im Neuen Testament wird die bewegende Geschichte von Gott und den Menschen erzählt. Die Botschaft der Bibel muss immer wieder neu entdeckt, gedeutet und aktualisiert werden. Dabei darf der Kern nicht verfälscht werden. Als Religionslehrer erleben Sie, dass die Schüler viele Fragen haben, die häufig mit Skepsis und Unverständnis verbunden sind. Sie fragen: Was hat dieses alte Buch mit mir und meinem Leben zu tun? Die Schüler sind skeptisch und hinterfragen die Bibel vor allem auf ihren Wahrheitsgehalt.

Sie haben als Religionslehrer die Aufgabe, diese Fragen ernst zu nehmen und gleichzeitig den geistesgeschichtlichen Horizont der Schüler zu erweitern. Sie erahnen dann, dass hinter den Worten der Bibel mehr steht als ein wörtliches Textverständnis oder eine geschichtliche Schilderung. Sie muss immer im Horizont der jeweiligen Zeit gesehen werden. Wir haben im Religionsunterricht die Möglichkeit, den Schülern die Bibel als ein aktuelles Buch vorzustellen, das auch vielfältige Anregungen gibt auf dem Weg zu einem geglückten Leben. Hier bieten die Lehr- und Arbeitspläne eine Vielzahl von Ansatzpunkten.

Ob Symboldidaktik, tiefenpsychologische Exegese oder historisch-kritische Auslegung – die Bibel muss gedeutet werden, um etwas zu bedeuten. Und so erschließen

Sie gemeinsam mit den Schülern die Lebensrelevanz der Bibel und begeben sich mit ihnen auf eine spannende Entdeckungsreise.

Unterrichtsbeispiele

Mithilfe der **POZEK-Methode** lässt sich ein Bibeltext schrittweise erschließen:
P (Person): Welche Personen kommen vor und wie handeln und reden sie? Was weiß ich über die Personen?
O (Ort): Wo findet die Handlung statt? Wie sieht der Ort aus und welche Bedeutung hat er?
Z (Zeit): Zu welcher Tages- oder Jahreszeit geschieht die Handlung? In welcher Zeit spielt die Erzählung?
E (Ereignis): Was geschieht? Was ist besonders bedeutsam?
K (Kern): Welche besondere Botschaft hat der Text? Was ist die Kernaussage?
Laden Sie die Schüler ein zu einem **„Bibelbasar“**. Besorgen Sie dazu unterschiedliche Bibelausgaben in Printform oder als Onlineausgabe. Nutzen Sie dazu die Bibliotheken in Ihrer Nähe, die Fernausleihe oder die Bibliothek der Kollegen. Auch die Schüler können sich in ihrer Familie auf die Suche nach Bibelausgaben machen. Es können illustrierte Bibelausgaben und Kinderbibeln ausgelegt werden. Kurzfilme und bildreiche Fachbücher können den Bibelbasar informativ bereichern. So kann eine interessante Schmökerrunde und Entdeckungsreise das Interesse der Schüler wecken. Sie machen sich schrittweise vertraut mit der faszinierenden Welt der Heiligen Schrift.

Es gibt zahlreiche Bibelausgaben, z. B.: die Einheitsübersetzung, die Lutherbibel, die Gute-Nachricht-Bibel, die Zürcher Bibel, die Elberfelder Bibel, die Bibel in gerechter Sprache, die Neukirchener-Kinderbibel … Es sei noch auf die Volxbibel verwiesen. Diese einfach zu lesende Bibel, die sich am Sprachgebrauch der Jugendlichen orientiert, wurde komplett online erstellt. Das Sprachexperiment ist allerdings nicht unumstritten und wurde heiß diskutiert (wiki.volxbibel.com).

Bei www.bibleserver.com findet sich eine Vielzahl Bibelausgaben (43 Übersetzungen in 21 Sprachen), die man online durchblättern kann. Ein Suchformular ist hilfreich bei der konkreten Suche nach Inhalten.

Das Bibelportal der Deutschen Bibelgesellschaft bietet online neun Übersetzungen: www.die-bibel.de/online-bibeln

Digitale Medien im Religionsunterricht

Moderne Informations- und Kommunikationstechnologien sowie digitale Medien haben die Lernlandschaft verändert. Die Zeiten sind vorbei, in denen Religionslehrer den 16mm-Filmprojektor aufbauen und im Filmdienst ausgeliehene große Filmrollen einlegen müssen, um einen Film im Unterricht einzusetzen. Auch der TV-Videowagen sollte nach Möglichkeit ein Relikt aus der Vergangenheit sein. Es ist ein neues mediales Zeitalter angebrochen, in dem selbst CDs, DVDs und USB-Sticks der Vergangenheit angehören. Daten werden heute in der Cloud gespeichert, nach Möglichkeit in einer gut verschlüsselten, vor der Bildungsministerien und Schulleitungen nicht warnen müssen.

Digitale Medien bestimmen zunehmend das Privat- und Arbeitsleben. Sie bieten eine Vielzahl Möglichkeiten im kommunikativen und informativen Bereich.

> Auch im Unterricht können Medien, wenn sie sinnvoll und effektiv genutzt werden, eine hohe aktivierende und motivierende Funktion haben.

Die digitalen Medien bieten als schülernahe Motivationsinstrumente ein kreatives Potenzial zur Kompetenz- und Wissenserweiterung. Leider wird diese Chance in den Schulen noch immer zu wenig genutzt. Die Ursache liegt zum Teil in der mangelnden Ausstattung, aber auch in der Medienkompetenz der Lehrer. So werden etwa im Alltag gängige Medien, Internettools oder Apps aus dem Schulalltag verbannt. Dabei bieten Smartphones, Facebook, Twitter, WhatsApp & Co. viele interessante Möglichkeiten, motivierende Lernszenarien ansprechend und sinnvoll zu gestalten.

Die meisten Tools sind frei zugänglich und machen das Arbeiten in geschlossenen Gruppen möglich. Durch Einzel-, Partner- und Gruppenarbeit wird das selbstorganisierte Lernen gefördert.

> **Unterrichtsbeispiele**
> Erstellen Sie gemeinsam mit den Schülern eine **Liste mit digitalen Werkzeugen,** die Sie im Unterricht nutzen wollen: Twitter, Facebook, WhatsApp, Skype, Doodle, Weblog, Wiki etc.). Die Schüler erproben die Möglichkeiten und diskutieren Vor- und Nachteile sowie Arbeitsmöglichkeiten der digitalen Medien. Die Schüler einigen sich auf bestimmte digitale Werkzeuge, mit deren Hilfe sie sich vernetzen, Daten auszutauschen und kommunizieren.

Die überkonfessionelle Internetplattform für Religionspädagogik und Religionsunterricht **www.rpi-virtuell.net** bietet ein ganzheitliches und selbstbestimmtes Lernkonzept. Sie können „virtuelle Klassenzimmer“ anlegen und in den Seminarräumen Materialien zur Verfügung stellen sowie Schüleraktivitäten anregen und steuern. Außerdem bietet das webbasierte Lernforum gute Möglichkeiten zur Kommunikation zwischen den Lernenden sowie dem Lehrer und den Schülern. Für Schüler ist es meist ungewohnt, im Internet zu arbeiten, daher bedarf es einer aktivierenden Hinführung in das neue Medium. Natürlich sollten Sie als Lehrer sich vorher intensiv mit den Modalitäten der virtuellen Plattform auseinandersetzen. Sie können auch ein eigenes Arbeits- und Studienzimmer einrichten, in dem Sie ganz in Ruhe Texte verfassen, Arbeitsblätter erstellen oder Online-Seminare durchführen können.

Eine grundlegende Kompetenz für Lernende ist die Fähigkeit des richtigen und effektiven Suchens im Internet, kurz die **Internetrecherche.** Dazu üben Sie mit den Schülern, zielgerichtet zu suchen, Suchstrategien zu entwickeln sowie gute von schlechten und richtige von falschen Informationen zu unterscheiden. Die Inhalte der Seiten werden systematisch überprüft auf Glaubwürdigkeit, Aktualität und Richtigkeit. Das beginnt bereits mit dem Eingeben der richtigen Schlüsselbegriffe und Phrasen.

Durch die Möglichkeit, Smartphone, Tablet oder Notebook mittels Bluetooth mit einem Lautsprecher zu verbinden, können Sie schnell Audiodateien oder **Podcats im Unterricht** einsetzen. Daher gehört eine Bluetooth-Box zur medialen Grundausstattung. Mediatheken und Podcastsammlungen im Internet bieten eine Vielzahl an thematisch interessanten und gut aufbereiteten Audiodateien für den Einsatz im Religionsunterricht. Hier einige Beispiele:

- SWR2 Glauben: www1.swr.de/podcast/xml/swr2/glauben.xml
- SWR1 Sonntagmorgen: www1.swr.de/podcast/xml/swr1/sonntagmorgen.xml
- BR Religion und Orientierung: www.br-online.de/podcast/mp3-download/b5aktuell/mp3-download-podcast-religion-und-kirche.shtml
- BR Theo.Logik: www.br-online.de/podcast/mp3-download/bayern2/mp3-download-podcast-theologik.shtml
- NDR Kultur Glaubenssachen: www.ndr.de/ndrkultur/sendungen/glaubenssachen
- Deutschlandradio Kultur Religionen: www.deutschlandradiokultur.de/podcast-religionen.1279.de.podcast.xml
- Domradio Kopfhörer: www.domradio.de/radio/sendungen/kopfhoerer

- hr2 Camino: Religionen auf dem Weg: www.hr-online.de/website/radio/hr2/index.jsp?rubrik=9258&xtmc=camino&xtcr=1
- Deutschlandfunk – Aus Religion und Gesellschaft: www.deutschlandradio.de/audio-archiv.260.de.html?drau:broadcast_id=334

Auf podcast.de finden Sie eine umfangreiche Sammlung mit Audiobeiträgen aus der Welt der Religion: www.podcast.de/kategorie/Religion/

Natürlich können Sie auch gemeinsam mit den Schülern eigene Podcasts produzieren und veröffentlichen. Eine anregende Seite zu „Podcasts im Unterricht" finden Sie unter www.schulezwonull.de/podcasts_im_unterricht.php.

Erkundungen und Expertenbefragung

Nutzen Sie im Rahmen des Religionsunterrichts die vielfältigen Lernorte außerhalb der Schule. Besuchen Sie z. B. mit den Schülern Kirchenräume, Synagogen und Moscheen. So können die Räume mit allen Sinnen entdeckt werden (Orgel, Kerzen, Weihrauch u. a.). Durch die Begegnung mit Menschen (Pfarrer, Imam, Rabbi, Ordensschwester, Küster etc.) werden die Religionen lebendig und nehmen konkrete Gestalt an. Die Schüler können sich auf diese Besuche vorbereiten (Wo fahren wir hin? Was erwartet uns? Was werden wir sehen, hören erfahren?) und anschließend ihre Erfahrungen reflektieren. Ein anschließendes Quiz kann die Erfahrungen nochmals sichern. Die Erkundungen können dokumentiert (Fotos, Videos, Interviews) und in den Unterricht einbezogen werden.

Weitere Erkundungen im Rahmen des Religionsunterrichts könnten sein: Altenheim, Krankenhaus, Hospiz, Friedhof, Museum, AIDS-Hilfe, Suchtberatung, Telefonseelsorge, Behinderteneinrichtung. Der Unterschied zu einer Klassenfahrt sollte allen bewusst sein. Auch sollten Sie die Schüler auf Regeln und Umgangsformen hinweisen und auf die Aufsichtspflicht achten.

Wenn Sie Experten (z. B. Pfarrer, Ordensschwester, Bestatter, Hospizhelfer, Suchtberater, Gefängnisseelsorger) in den Religionsunterricht einladen, sollte das Gespräch gut vorbereitet sein.

Rituale im Religionsunterricht

Besonders zu Beginn und am Ende der Religionsstunde bietet es sich an, Rituale zu nutzen. Die vertraute Handlung verschafft Sicherheit, fördert das Gemeinschaftsgefühl und baut Ängste ab.

> Rituale können die Aufmerksamkeit wecken oder eine Unterrichtsstunde abrunden.

Vor allem aber sollten Sie im Religionsunterricht ein Innehalten ermöglichen, um zur Ruhe zu kommen und durchzuatmen. Dabei ist wichtig, dass alle Beteiligten das Ritual akzeptieren, es nicht sinnentleert wird und eine Freude und Spannung weckt. Zu solchen Ritualen gehören: Übungen, Spiele, Blitzlichtrunde, ein Gebet, ein Lied, Entspannungs- und Konzentrationsübungen, Symbolhandlungen (z. B. eine Kerze anzünden), Sinnesübung, Fantasiereise.

Das Kirchenjahr bietet mit seinen Festen und Zeiten viele Anhaltspunkte für Rituale. So kann in der Adventszeit eine kurze Meditation am Beginn des Religionsunterrichts stehen.

Unterrichtsbeispiele

- Ein festes Ritual kann etwa eine freundliche und respektvolle Begrüßung sein. Sie fragen nach der Stimmung in der Klasse und nach besonderen Vorkommnissen („Was ist gerade wichtig in der Klasse?"). Die Schüler äußern sich kurz. Dabei wird nicht diskutiert. Danach kann der thematische Einstieg folgen.
- Stilleübungen haben im Religionsunterricht eine besondere Bedeutung. So können Sie beim Betreten des Klassenraums erkennen, ob die Schüler besonders unruhig sind. Setzen Sie sich auf Ihren Platz und vereinbaren Sie mit den Schülern eine kurze Zeit der Stille (z. B.: 2 Minuten). Das kann zu einem erholsamen Einstieg werden, bei dem sich alle sammeln und konzentrieren können. Erfahrungsgemäß klappt ein solches Ritual nicht beim ersten Mal. Seien Sie geduldig mit den Schülern. Es lohnt sich!
- Sie schreiben das Thema der Stunde an die Tafel. Die Schüler haben einige Minuten Zeit, sich einzeln Gedanken dazu zu machen oder sich mit dem Sitznachbarn darüber zu unterhalten.

- Erzählen Sie eine kurze Geschichte, die nichts mit dem Thema der Unterrichtsstunde zu tun hat oder lesen Sie einen kurzen Text zum Nachdenken vor.
- Ein gemeinsames Singen oder das Hören eines Songs oder Musikstückes kann als Ritual am Beginn und am Ende stehen. Dabei sollten die Schüler selbst abwechselnd die Gestaltung übernehmen.

Hilfreiche Tools, Apps und mehr

Im Internet findet sich eine Vielzahl von Tools, mit deren Hilfe Sie sich die Unterrichtsvorbereitung erleichtern können. Hier einige Beispiele:

- Durch eine Falttechnik gestalten die Schüler ein achtseitiges Minibuch. Sie können so ihre Arbeitsergebnisse zusammenfassen und präsentieren: www.minibooks.ch/
- Mit dem Suchsel-Generator können Sie Gitterrätsel gestalten, in denen Begriffe versteckt sind, die die Schüler suchen sollen. Dabei sind unterschiedliche Schwierigkeitsgrade möglich: www.suchsel.de.vu/
- Kreuzworträtsel können als Unterrichtseinstiege oder zum Wiederholen genutzt werden. Mithilfe eines Generators können diese schnell an das Thema und die Lerngruppe angepasst werden. Zu finden hier: https://crosswordlabs.com oder www.xwords-generator.de/de
- Texte können in verschiedenen Layouts motivierend (in Kreisform oder innerhalb eines Labyrinthes) gestaltet werden: www.festisite.com/text-layout/
- Texte können mithilfe von Wortwolken anschaulich dargestellt werden, siehe WordCloud-Generatoren. Sie bieten vielfältige Gestaltungsmöglichkeiten: www.wordle.net/ – https://tagul.com/ – www.abcya.com/word_clouds.htm (für Kinder)
- Lückentexte können mit wenig Aufwand online gestaltet werden, siehe: http://quizdidaktik.de/lueckedit/
- Einen QR-Code-Generator finden Sie hier: http://goqr.me/
- Umfragen können Sie schnell und kostenlos auf der folgenden Seite erstellen: https://survmetrics.com/
- Der eduGenerator ist ein Online-Tool zum Erstellen von Arbeitsplänen, Urkunden, Schmuckblättern und Namenskarten: www.edugenerator.at/

- Kartenspiele bieten eine schöne Möglichkeit, Inhalte spielerisch aufzuarbeiten und zu wiederholen. Sie können diese online erstellen: http://spieleinderschule.org/
- Viele Materialien zur Herstellung von Spielen (Spielfiguren- und -bretter, Würfel, Karten etc.) finden Sie unter: http://spielmaterial.de/
- Zum Einstieg in ein Thema kann ein Mindmapping- und Brainstorming-Tool hilfreich sein: www.spiderscribe.net/ oder www.xmind.net/de/
- Mithilfe der App Kahoot können Sie spielerisch Erlerntes sichern und abfragen: https://create.kahoot.it

3.4 Die Abschlussphase

Nachdem sich die Schüler ein Thema erarbeitet und sich mit Problemstellungen auseinandergesetzt haben, präsentieren sie ihre Ergebnisse. In der letzten Unterrichtsphase kann aber noch mehr passieren. Wenn sie effektiv genutzt wird, können Unterrichtsinhalte zusammengefasst, gesichert, wiederholt und dokumentiert werden. Neu erworbene Kompetenzen können eingeübt und erprobt werden. Der Blick auf die weitere Abschnittsplanung soll neugierig machen und motivieren.

> Im Religionsunterricht kann in der Abschlussphase noch ein besonderer persönlicher Akzent gesetzt werden.

Dabei kann ein Moment der Stille oder die Verabschiedung zu einem besonderen Ritual werden.

Präsentationsmethoden

Gelungene Präsentationen begeistern das Publikum nicht nur durch die Form der Gestaltung. Wenn die Inhalte verständlich, anschaulich und informativ entfaltet werden, bieten sie einen großen Kompetenz- und Wissenszuwachs. Die folgenden Tipps und Stichworte beziehen sich auf Schülerpräsentationen, aber auch auf Ihre eigene Kompetenz:

1. Die Hauptrolle spielt der Präsentierende! Achten Sie daher besonders auf Körpersprache, Stimme, Ruhe, Blickkontakt, selbstbewusstes Auftreten, Stress, Kompetenzen …
2. Wichtig bei der Präsentation ist der Einsatz von Medien, die dabei helfen können, das Thema anschaulich zu entfalten. Dazu zählen z. B. Tafel, Pinnwand, Overhead-Projektor, Laptop, Tablet, Whiteboard, Beamer, Flipcharts oder Plakate. Musik, Filme oder Fotos können eingesetzt werden, um die Themen zu veranschaulichen oder zu vertiefen. Achten Sie darauf, dass die Medien dazu dienen, die Präsentation unterhaltsam zu gestalten (Infotainment). Vermeiden Sie daher den häufig anzutreffenden Fehler, Ihre gestalteten Informationstexte nur abzulesen. Üben Sie den Einsatz der Medien und deren Gestaltungsmöglichkeiten.
3. Der Inhalt (Thema, Botschaft, Dokumentation, Überblick, Fragen …)
4. Die Struktur (Gliederung: Begrüßung, Einleitung, Überblick, Inhalt, Zusammenfassung/Fazit, Zeit …)
5. Das Publikum (Wissen, Emotionen, Neugier, Beurteilungskriterien, Vorkenntnisse, Prüfung …)
6. Der Einstieg (etwas Unerwartetes, Frage, Provokation, Geschichte, Musik, Bild, Video …)
7. Präsentations-Ideen (Powerpoint, Prezi, Erklärvideo, Radiomagazin, Collage, Visuelle Eindrücke, Themenmarkt, Ausstellung, Reiseführer, Rundgang, Internetauftritt, Minibuch …)

Ergebnissicherung

Diese Phase des Unterrichts dient zur Wiederholung, Übung, Vertiefung, Zusammenfassung und Festigung. Wissen und Können sollen miteinander verknüpft, Fähigkeiten und Fertigkeiten angewendet und erweitert werden. Dabei ist es wichtig, dass sich die Schüler selbstständig mit den eigenen Arbeitsergebnissen und den erworbenen Kompetenzen auseinandersetzen. Dabei werden eigene Erkenntnis- und Korrekturprozesse gefördert. Eine gute methodische Umsetzung sollte diese Ansätze unterstützen. Hier nur einige Beispiele:

- In einer **Murmelrunde** erörtern die Schüler folgende Fragen: – Was war für mich verständlich? – Was habe ich nicht verstanden? – Welche Frage möchte ich unbedingt noch stellen? Die gesammelten Ergebnisse werden im Plenum besprochen.

- Die Schüler erhalten einen **Denkzettel,** auf dem sie einen Satz, eine Frage oder eine Erkenntnis als Ergebnis der Unterrichtsstunde notieren. Die Notizen werden am Beginn der Folgestunde aufgegriffen.
- Die Schüler gestalten Frage- und Antwortkarten und konzipieren ein **Wissensquiz,** um so die Inhalte der Stunde zu wiederholen und zu vertiefen.
- Auch Lernplakate, Arbeitsportfolio, Lernsoftware, Lückentexte, Lernkarte oder multimediale Hilfsmittel können die Sicherung unterstützen.

Der besondere Akzent

Planen Sie für die letzten Minuten des Unterrichts eine kurze Phase ein, in der die Schüler selbst im Mittelpunkt stehen. Sie können sich kurz bewegen oder eine Schweigeminute einlegen. Sie verabschieden sich oder drücken in einem Blitzlicht ihre momentane Gefühlslage aus. Oder Sie summen gemeinsam eine Melodie oder hören ein Musikstück an. Wichtig ist, dass dabei keine Hektik entsteht. Sie können auch am Ende der Religionsstunde einen spirituellen Akzent setzen durch ein Gebet oder einen Segensspruch. Wichtig ist, dass die Methode nicht aufgesetzt und inszeniert wirkt, sondern am Ende einen besonderen Akzent setzt. Auch hier können Sie gemeinsam mit den Schülern Rituale entwickeln.

4 Effektive Prüfungsvorbereitung

4.1 Missio Canonica und Vocatio

Nach Art. 7.3 des Grundgesetzes der Bundesrepublik Deutschland ist der Religionsunterricht ordentliches Lehrfach. Die Kirchen sind für den Inhalt verantwortlich und der Religionsunterricht wird mit kirchlicher Bevollmächtigung erteilt. Daher benötigen Sie schon zu Beginn Ihrer Ausbildung eine Erlaubnis bzw. eine Bevollmächtigung: Die sogenannte Missio Canonica auf katholischer Seite oder Vocatio auf evangelischer Seite. Beantragen Sie diese frühzeitig und informieren Sie sich bei Ihrer Studienbegleitung bzw. bei den zuständigen Personen in Universität, Bistum oder Landeskirche. Von katholischer wie evangelischer Seite benötigen Sie in der Zeit des Vorbereitungsdienstes eine vorläufige Missio oder Vocatio.

Auf Antrag bei Ihrem Bistum oder Ihrer Landeskirche und wenn Sie die entsprechenden Kriterien erfüllen, wird Ihnen als Religionslehrer aller Schulformen die vorläufige kirchliche Unterrichtserlaubnis erteilt. Diese gilt bis zu der Ablegung des Zweiten Staatsexamens. Danach bietet jedes Bistum bzw. jede Landeskirche einen weiteren Missio-Vorbereitungskurs bzw. eine entsprechende Veranstaltung an. Im Anschluss wird Ihnen die Missio Canonica bzw. Vocatio erteilt.

4.2 Unterrichtsbesuche und Lehrproben

Die Prüfungssituationen gehören im Rahmen der Ausbildung für viele Referendare zu den unangenehmen Verpflichtungen. Dazu zählen vor allem Unterrichtsbesuche und Lehrproben. Oft sind sie mit Stress oder Angst verbunden. Folgende Tipps haben wir für Sie:

Ganzheitliche Vorbereitung: Es genügt nicht, wenn Sie für den Beratungsunterricht eine gute Ausarbeitung mit didaktisch-methodischem Tiefgang vorlegen. Sie sind vor allem auch als Mensch gefragt, der diese Situation meistern muss. Stellen Sie sich frühzeitig auf die Situationen ein und bereiten Sie sich ganzheitlich darauf vor. Dazu zählt ausreichend Schlaf, eine gesunde Ernährung und Gelassenheit. Arbeiten Sie kontinuierlich daran.

Das Zeitmanagement: Ein gutes Zeitmanagement hilft Ihnen, wenn Sie sich auf Unterrichtsbesuche und Lehrproben vorbereiten. In der Regel haben die Fachleiter nicht nur einen Referendar, den sie betreuen. Sprechen Sie daher frühzeitig Termine mit allen an der Beratung beteiligten Personen ab. Sehr wichtig ist es, die vorgegebenen Fristen und Vorgaben einzuhalten.

Die Ausarbeitung: Erfragen Sie genau, wie ein Entwurf für einen Unterrichtsbesuch auszusehen hat. Die Vorgaben der einzelnen Seminare sind sehr unterschiedlich. Auch die an den Hochschulen gelehrten Kriterien (z. B. Unterrichtsphasen) sind nicht immer stimmig mit den Vorgaben der Ausbildungsstätten. Zeigen Sie bei der schriftlichen Ausarbeitung, dass Sie sowohl fachlich als auch pädagogisch fundiert formulieren können. Schauen Sie sich dazu Ausarbeitungen von erfahrenen Referendaren an und fragen Sie nach.

Die Schülergruppe: Wählen Sie bei Lehrproben Klassen, die Sie kennen oder gut einschätzen können. Wenn Sie gute Beziehungsarbeit geleistet haben, können Sie sich sicher sein, dass die Schüler Sie mit Ihrem Lernverhalten unterstützen werden.

Sprechen Sie vorher mit Ihren Schülern und machen Sie deutlich, was auf Sie und die Lernenden zukommen wird und wie Sie sich dabei fühlen. Sie können durchaus sagen, dass Sie die Schüler jetzt brauchen und auf Sie vertrauen.

Keine Showstunde: Auch wenn dies immer wieder behauptet wird: Die Lehrprobe sollte keine Showstunde sein. Es geht darum, wie Sie Unterricht planen und gestalten, wie Sie vor der Klasse stehen und mit den Schülern kommunizieren. Bleiben Sie authentisch! Dazu zählen auch Unsicherheit und die Freude am Ausprobieren. Es ist anstrengend, eine Rolle zu spielen und sich in seinem Verhalten in Szene zu setzen, um damit anderen zu gefallen. Meist wird dies von den Zuschauern schnell erkannt.

Beratungskriterien: Es ist wichtig, dass ein roter Faden in der Ausarbeitung erkennbar ist. Sie sollten Ihr Stundenthema methodisch, aber auch fachlich gut strukturiert und klar planen. Berücksichtigen Sie dabei unterschiedliche Kriterien wie Aktivierung, Kompetenz- und Wirkungsorientierung, Motivierung, Heterogenität, Schülerorientierung, Klassenmanagement, Lernklima oder Methodenvielfalt. Erfahrungsgemäß spielt in der Beratung nach dem Unterrichtsbesuch das didaktische Konzept eine wichtige Rolle. Machen Sie keinen 0-8-15-Unterricht oder eine inszenierte Showstunde.

Überlegen Sie bereits in der Vorbereitung, was passieren könnte, wenn der Unterricht nicht so abläuft, wie Sie es geplant haben. Haben Sie den Mut, auch in Lehrproben zu experimentieren und zu zeigen, dass Sie flexibel sind in Ihrem Unterrichtshandeln.

An einem Unterrichtsbesuch sind viele Personen beteiligt. Daher ist es wichtig, dass Sie sich Klarheit verschaffen, welche Erwartungen an Ihren Unterricht gestellt werden.

Die Reflexion: Bereiten Sie sich auch bereits bei der Unterrichtsplanung auf das Beratungsgespräch vor. Bei der Nachbesprechung Ihrer Sichtstunde sollten Sie bereit sein, den Unterricht selbstkritisch zu reflektieren. Wichtig ist für Sie, dass Sie in Ihrem Unterrichtsbesuch Fehler machen dürfen. Keiner ist perfekt und eine einzige Schüleraussage kann unter Umständen Ihre gesamte Planung verwerfen.

Sprechen Sie die aus Ihrer Sicht problematischen Aspekte der gezeigten Stunde deutlich an. Wie kam es dazu und was hätte ich bei der Planung oder in der konkreten Unterrichtssituation verbessern können. Gleichzeitig dürfen Sie aber auch aussprechen, was Ihnen gut gelungen ist. Stehen Sie zu Ihrem Unterreicht und zeigen Sie die Bereitschaft, auf Erfolge aufzubauen und aus Fehlern zu lernen.

Denken Sie auch daran: Sie sind der Lehrer und Sie kennen Ihre Schüler am besten. Sie wissen, was jeder einzelne Schüler kann und braucht. Der Fachleiter sieht die Lerngruppe nur in dieser einen Stunde.

Beratungsprotokoll: In der Regel bekommen Sie nach jedem Unterrichtsbesuch ein schriftliches Protokoll der Besprechung. Lesen Sie dieses genau durch und fragen Sie nach, wenn Sie etwas nicht verstehen oder anderer Meinung sind. Es geht schließlich um Sie und Ihre Beurteilung. Sie werden schnell erkennen, wo hier Ihre Grenzen als Auszubildender liegen.

Kritik annehmen: Die Referendariatszeit ist kurz. Sie müssen effektiv und konsequent arbeiten, um sich weiterzuentwickeln. Sie dürfen die Dinge nicht schleifen lassen. Nehmen Sie sich von Anfang an viel Zeit für die Unterrichtsvor- und -nachbereitung. Sie machen diese Ausbildung, um das Handwerk des Lehrers zu erlernen. Nehmen Sie die vielfältigen Rückmeldungen zu Ihrem Lernfortschritt an. Im Referendariat haben Sie in der Regel zehn bis zwölf Stunden Unterricht, den Sie gestalten müssen. Sie sollten sich auch jetzt schon bewusst machen, dass sich Ihr Stundenanteil nach der Ausbildung mehr als verdoppeln wird. Nutzen Sie daher die Ausbildungszeit sinnvoll und effektiv und reflektieren Sie bewusst, um sich stetig zu verbessern.

Kontinuierlich an sich arbeiten: Folgende Vorgehensweise bei der zweiten oder dritten Lehrprobe kann hilfreich sein: Nachdem Sie sich die Beurteilung Ihres letzten Unterrichtsbesuches durchgelesen haben, greifen Sie sich ein bis zwei Punkte heraus, die noch nicht gut gelungen sind. Legen Sie bei der nächsten Prüfungssituation Ihren Schwerpunkt auf diese Punkte. Verbalisieren Sie dieses Vorgehen. So zeigen Sie, dass Sie die Anmerkungen Ihrer Ausbilder ernst nehmen und an sich arbeiten wollen. Reflektieren Sie speziell diese Punkte in der Nachbesprechung.

Im Gespräch bleiben: Es kann hilfreich sein, wenn Kollegen Ihre Ausarbeitung kritisch lesen. Das heißt nicht, dass andere Personen Ihren Unterricht planen sollten. Dabei kann neben inhaltlichen Aspekten auch das äußere Erscheinungsbild sowie die Rechtschreibung genauer betrachtet werden. Nehmen Sie die Hilfe erfahrener Kollegen in Anspruch!

Isolieren Sie sich nicht während der Ausbildung, sondern suchen Sie vielfältige Gespräche mit Ausbildern und Kollegen. Besprechen Sie Ihre Ideen und holen Sie sich andere Meinungen ein.

Schauen Sie über den Tellerrand und nutzen Sie die Möglichkeit der Hospitation. Doch kopieren Sie nicht die Ideen und das Auftreten der anderen Lehrer.

> Bleiben Sie aktiv! Experimentieren Sie, um Ihre Lehrerrolle zu finden. So finden Sie heraus, was Sie können und wollen.

Fordern Sie Beratung ein und nutzen Sie diese. Wenn nicht im Referendariat, wann dann?!

Was kann ich? Lassen Sie sich nicht von Bedenkenträgern und Unruhestiftern unter den Ausbildungskollegen anstecken. Sie haben viel gelernt und viele Prüfungssituationen gemeistert, bis Sie ins Referendariat gelangt sind. Sie kennen Ihr Lernverhalten am besten. Vertrauen Sie auf Ihre Fertigkeiten und Ihr Können. Vergleiche sind nicht immer sinnvoll, da sie das eigene Vorankommen auch blockieren können. Vertrauen Sie auf sich und Ihre Bereitschaft zum Lernen.

4.3 Die Abschlussprüfung

Allgemeine Informationen

Das Referendariat schließt ab mit einer staatlichen Prüfung. Dabei müssen Sie mindestens eine unterrichtliche, praktische Prüfung und eine mündliche Prüfung (Kolloquium) ablegen. Die Bestimmungen für die jeweiligen Prüfungen sind von den Bundesländern selbst geregelt und weisen große Unterschiede auf. So sind die Zusammensetzung der Prüfungskommission und auch die zeitliche Abfolge der Prüfungen unterschiedlich (z. B. Verteilung der Prüfungsleistungen auf mehrere Tage).

Für Ihre persönliche Planung ist es sinnvoll, dass Sie sich frühzeitig über den Ablauf und die Richtlinien Ihrer Prüfung informieren. Auf der Internetseite der Kultusministerkonferenz (www.kmk.org) finden Sie alle aktuellen rechtlichen Bestimmungen für Ihr Bundesland und Ihren Schultyp. Denken Sie daran, dass Sie neben den Prüfungsvorbereitungen weiterhin Ihre dienstlichen und unterrichtlichen Verpflichtungen einhalten müssen. Daher ist ein gutes Zeitmanagement wichtig. Häufig ist es auch so, dass Ihre Prüfungsstunde in eine Reihe eingebettet ist, die Sie schon länger mit den Schülern behandeln.

Informieren Sie sich frühzeitig und genau über den Bewertungsschlüssel der jeweiligen Prüfungseinheiten. In vielen Bundesländern ist es so, dass nicht nur die Unterrichtsbesuche einen größeren Prozentsatz ausmachen, sondern auch das abschließende Kolloquium. Hier können Sie zeigen, dass Sie theoretisches Wissen nicht nur anwenden, sondern auch reflektieren können. Wählen Sie Themen, zu denen Sie sich nicht nur Literatur angelesen, sondern die Sie auch in irgendeiner Art und Weise im Unterricht selbst durchgeführt haben. Dass Sie wissenschaftlich arbeiten können, haben Sie bereits im Studium bewiesen. Jetzt kommt es auf die Umsetzung an!

Unterrichtspraktischer Teil

Der Examenstag ist sozusagen die große Aufführung. Die davorliegenden Unterrichtsbesuche waren Proben und Generalproben, in denen Sie geübt und sich perfektioniert haben. Die folgenden Anregungen sollen Ihnen helfen, sich auf diesen großen Tag vorzubereiten.

Planung: Die genauen Planungen der praktischen Abschlussprüfungen hängen vor allem davon ab, welche Klassen vorgesehen sind und welches Thema Ihnen vorgegeben wird. Wenn Sie diese Daten haben, können Sie in der vielfach eingeübten Weise mit der Vorbereitung der Prüfungslehrprobe beginnen.

In dieser letzten Phase Ihrer Ausbildung können Sie zeigen, was Sie gelernt haben. Deshalb sollten Sie nicht dazu neigen, zu viele Kollegen zu befragen. Denn: Viele Köche verderben den Brei.

Sie sind der Lehrer und in diesem Fall der Prüfling. Sie müssen die Stunde halten. Demnach entscheiden auch Sie, was und wie Sie den Unterricht aufbauen und gestalten! Schließlich haben Sie über Jahre auf diesen Tag hingearbeitet und sich das entsprechende Werkzeug erarbeitet! Verwenden Sie nach Möglichkeit keine Methoden oder Sozialformen, die in der Lerngruppe nicht eingeübt sind.

> Auch wenn Sie während der Ausbildung viel experimentiert und ausprobiert haben: Machen Sie bei der Abschlussprüfung keine Experimente und konzentrieren Sie sich auf das, was Sie können!

Und noch ein wichtiger Tipp: Lassen Sie sich nicht von den Spekulationen und häufig falschen Ratschlägen der Kollegen beeinflussen („Der Fachleiter will das so und so haben!"). Lesen Sie nochmals die Beratungsprotokolle und Ihre Notizen durch und legen Sie los. Zeigen Sie, was Sie gelernt haben!

Schülergruppe: Auch für die Schüler ist es klar, dass dies ein sehr wichtiger Tag für Sie ist. Versuchen Sie daher, keine Unruhe in die Klasse zu bringen. Auch zu detaillierte Verhaltensanweisungen sind eher unangebracht.

Aufregung ja – aber nicht zu viel: Es ist normal, wenn Sie am Prüfungstag aufgeregt sind. Die Nervosität gehört zu einer Prüfung. Aber Sie haben ähnliche Situationen bereits bei den Lehrproben erlebt. Und die Examensprüfungen laufen ähnlich ab wie die Unterrichtsbesuche – nur, dass die Prüfungskommission ein wenig größer ist und die Gäste feiner gekleidet sind.

> Konzentrieren Sie sich auf Ihre Schüler und Ihren Religionsunterricht.

In der Regel nimmt zusätzlich zu den bereits bekannten Personen noch ein Vertreter der Schulbehörde teil. Dazu kommt ein kirchlicher Vertreter, der sich sicher freuen wird, Sie zu sehen. Versuchen Sie während der Prüfung, die Gäste auszublenden. Auch deren Mimik und Gestik sollten Sie nicht überinterpretieren.

Räumlichkeiten: Überlegen Sie sich bei Ihrer Examenslehrprobe genau, welche Räumlichkeiten für Ihren Unterricht sinnvoll sind. In dieser Ausnahmesituation werden die Kollegen Verständnis für Ihre Wünsche haben und Ihnen gerne entgegenkommen. Achten Sie aber darauf, dass der Raum den Schülern vertraut ist.

Überlegen Sie sich auch, wo die Mitglieder der Prüfungskommission sitzen sollen. Bei manchen Methoden ist dies bedeutsam. Hilfreich kann es für Sie auch sein, wenn Sie die Gäste nicht immer im Blickfeld haben.

Vielleicht hilft es Ihnen auch, wenn Sie sich einige Minuten vor der Prüfung Zeit nehmen, sich in den Raum begeben und sich mental auf die Prüfung vorbereiten.

Bereiten Sie mindestens einen Tag vorher die Räumlichkeiten vor. Säubern Sie die Räume, den Boden, die Tafel. Das äußere Erscheinungsbild ist wichtig. Dekorieren Sie die Räumlichkeiten, wenn Sie Ansprechendes im vergangenen Schuljahr mit Ihren Schülern erarbeitet haben. Die Besucher sollten sehen, was Sie alles mit Ihren Schülern gemacht haben.

Abschluss: Der Examenstag ist sehr wichtig für Sie, weil dieser für Ihre Note und damit die weitere Einstellung in den Schuldienst von Bedeutung ist. Ihre Fachleiter und auch die Mentoren haben Sie die letzten Monate begleitet. Diese kennen Sie und wissen, was Sie können – auch wenn nicht alles perfekt gelaufen ist.

Sie haben eineinhalb bis zwei Jahre geübt. Nun zeigen Sie, was Sie gelernt haben und was Sie können. Zeigen Sie eine hohe Schüleraktivierung, aber ziehen Sie sich nicht ganz aus dem Geschehen zurück. Schließlich sollen Sie bewertet werden. Trauen Sie sich etwas, aber machen Sie keine Experimente.

Mündliche Prüfung / Kolloquium

Da die Umsetzung und auch die Anforderungsprofile in den einzelnen Bundesländern sehr unterschiedlich sind, ist es schwer, Ihnen Tipps für eine mündliche Prüfung zu geben. Allerdings wird in den mündlichen Prüfungen immer verlangt, dass Sie theoretische und praktische Aspekte miteinander in Verbindung setzen können.

Bringen Sie daher Unterrichtsbeispiele mit, die Sie an entsprechender Stelle vorzeigen können.

Manchmal ist es möglich, dass Sie Themen mit Ihrem Fachleiter vorher absprechen können. Das erleichtert die Prüfungsvorbereitung. Wählen Sie dabei ein Thema, über das Sie gut sprechen können, das kontroverse Aspekte hat und zu dem Sie aufgrund Ihrer eigenen Erfahrungen Stellung nehmen können.

> Seien Sie selbstbewusst und zeigen Sie der Prüfungskommission, dass Sie ein guter Religionslehrer sind, der über ein fundiertes Wissen und Können verfügt.

Kollegiale Kooperation: Als Religionslehrer sind Sie in Ihrer Schule nicht allein auf sich gestellt. Es gibt weitere Kollegen, die das Fach Religion unterrichten. Knüpfen Sie von Anfang an Kontakte und vernetzen Sie sich innerhalb des Kollegiums, um so ein gutes Unterstützungssystem zu schaffen. Indem Sie auf die kollegiale Kooperation und Teamarbeit setzen, schöpfen Sie aus dem reichhaltigen Erfahrungsschatz der Religionslehrer an Ihrer Schule. Dabei sollte es nicht nur um den Austausch von Unterrichtsmaterialien gehen, sondern auch um den Stellenwert des Religionsunterrichts und die Rolle des Religionslehrers. Bringen Sie sich mit Ihren Fragen und Ideen in die Fachkonferenz ein, um sich so fachlich und menschlich weiterzuentwickeln.

Hospitation: Nutzen Sie auch die Möglichkeiten der Hospitation im Religionsunterricht der Kollegen. Achten Sie darauf, dass nicht alle Kollegen bereit sind, ihren Unterricht für Besuche zu öffnen.

Schulseelsorge: Die Schulseelsorge ist ein besonderes Angebot der Kirchen in den Schulen und gewinnt zunehmend an Bedeutung. Manchmal werden Schulpfarrer oder Laienmitarbeiter für diese Aufgabe beauftragt. Falls in Ihrer Schule ein Schulseelsorger tätig ist, können Sie ihn bei verschiedenen Angeboten unterstützen. Schulseelsorge beschränkt sich nicht nur auf die Gestaltung von Gottesdiensten, sondern bietet auch Gespräche und Beratung in Glaubens- und Lebensfragen an. Als Religionslehrer können Sie in Fort- und Weiterbildungen oder landeskirchlichen Qualifizierungsmodellen entsprechende Kompetenzen erwerben und so eine wichtige Ergänzung zur bestehenden Beratungs- und Unterstützungskultur werden. Die Schulseelsorge kann einen wichtigen Beitrag leisten zur wertorientierten Gestaltung des Schullebens.

Krisenteam: In vielen Schulen gibt es ein schulinternes Notfallkonzept. Ein Krisenteam hat Kompetenzen erworben und Materialien zusammengestellt (Notfallkoffer), die in entsprechenden Situationen zum Tragen kommen. Das können Elternbriefe oder Kondolenzbücher sein, aber auch Hilfen für gute Gespräche in Krisensituationen. Hier können Sie als Religionslehrer eine professionelle Krisenintervention in Ihrer Schule unterstützen. Dabei sind neben organisatorischen Fertigkeiten vor allem seelsorgerliche und psychologische Kompetenzen gefragt. Wenn Sie sich bei Todesfällen nicht zutrauen, persönliche Gespräche zu führen, können Sie bei der Vorbereitung und Gestaltung von Andachten oder Gottesdiensten mitarbeiten. Probieren Sie sich aus.

Beziehungsarbeit: Als Religionslehrer gestalten Sie einen lebensnahen- und gesprächsorientierten Unterricht. Entsprechend wichtig ist es, dass Sie an einer guten Beziehungskultur innerhalb der Klassengemeinschaft arbeiten. Wenn die Schüler kein Vertrauen zu Ihnen und ihren Mitschülern haben, werden sie sich nicht öffnen. Damit die vielen existenziellen Themenbereiche nicht nur auf der kognitiven Ebene abgearbeitet werden, sollten Sie Kontakte zu den Schülern z. B. vor und nach der Unterrichtsstunde oder in den Pausen halten. Eine Möglichkeit bietet sich auch in den Freistunden, in denen Sie sich nicht unbedingt nur im Lehrerzimmer aufhalten sollten. Auch sollten Sie im Gespräch bleiben mit den Klassenlehrern und Schulsozialarbeitern, den Beratungs- und Vertrauenslehrern, um so die Situation einzelner Klassen oder Schüler besser kennenzulernen. Dies spielt bei einigen Themenbereichen des Religionsunterrichts eine große Rolle (Tod und Sterben, Trauer, Krankheit u. a.).

Der Mentor: Vereinbaren Sie regelmäßige Termine mit Ihrem Mentor. Tür- und Angelgespräche sind zwar manchmal hilfreich, sollten aber nicht Beratungsgespräche ersetzen. Der Mentor ist für Sie zentrale Bezugsperson und der Fachmann vor Ort. Daher ist eine kontinuierliche und regelmäßige Zusammenarbeit unerlässlich. Im Sinne einer „Hilfe zur Selbsthilfe“ begleitet er Ihre Arbeit im Unterricht und in der Erziehung theoriegeleitet und praxisorientiert. Er sollte auch Ihr Ansprechpartner sein, wenn Sie in „Fettnäpfchen“ treten sollten oder innerschulische Absprachen oder Regeln übersehen sollten.

Checkliste: Eine Schule ist ein kompliziertes Geflecht, in dem Sie vor allem mit Menschen zu tun haben. Es gibt eine über lange Jahre gewachsene Organisationsstruktur, mit der nur Insider vertraut sind. Verschaffen Sie sich frühzeitig einen Überblick! Dazu folgen einige unsortierte Anregungen und Hinweise, die Sie ergänzen sollten:

- Wer gehört zur Schulleitung?
- Wo sind welche Räume (Computerraum, Fachräume)?
- Welcher Schlüssel passt wo?
- Wo kann ich Kopien machen (Karte, Kontingent)?
- Gibt es feste Plätze im Lehrerzimmer?

- Wo ist mein Fach?
- Welche Internetzugänge gib es?
- Wo finde ich die Klassenbücher?
- Wo ist der Vertretungsplan? Wie wird Vertretung gehandhabt?
- Wo finde ich das Schwarze Brett und den Vertretungsplan?
- Wie sind die Unterrichtszeiten?
- Wie ist der Vertretungsplan gestaltet (Namenskürzel, Räume)?
- Wie werden Disziplinarmaßnahmen gehandhabt?
- Wie ist die Pausenregelung?
- Wo endet das Schulgelände?
- Wer darf wann das Schulgelände verlassen?
- Wie ist der Gebrauch von Handys geregelt?
- Gibt es Besonderheiten bei Leistungsüberprüfungen (Anzahl, Gewichtung)?
- Gibt es dazu besondere Beschlüsse der Fachkonferenz Religion?
- Dürfen sich Schüler vom Religionsunterricht abmelden?
- Sind in Religion Lehrbücher eingeführt?
- Wo finde ich die Lehrpläne und Stoffverteilungspläne?
- Welche Regelungen gibt es zu Einzelthemen wie Pünktlichkeit, Kaugummi, Handy, Rauchen, Mützen im Unterricht?
- Was muss ich bei Unterrichtsgängen beachten?
- Wie werden einzelne Klassendienste geregelt?
- Wann sind bewegliche Ferientage?
- Wie heißen der Hausmeister und die Schulsekretärin?
- Welche Schulveranstaltungen sind geplant?
- Wo finde ich Medien und Materialien für den Unterricht (z. B. Flipchart, Beamer, Moderationskoffer)?

Lust und Frust im Schulalltag: Blicken Sie ab und zu selbstkritisch auf Ihre Berufsentscheidung und stellen Sie sich folgende Fragen:

Bin ich zufrieden oder sogar glücklich in meinem Beruf als Religionslehrer? Oder ist mein Beruf für mich eher eine Belastung? Wie hat die Schulrealität mein Berufsideal verändert? Was gibt mir Motivation und Kraft? Wo liegen meine persönlichen Ressourcen, auf die ich zurückgreifen kann? Was macht Lust und was ist für mich eher frustrierend?

Betrachten Sie die unterschiedlichen Bereiche, Gruppen und Personen (Kollegium, Schulleitung, Unterricht, Schüler, Eltern, Fachleiter u. a.) und reflektieren Sie Ihre Erfahrungen. Nicht immer sind Gespräche mit Gleichgesinnten hilfreich, besonders dann, wenn nur das Jammern im Vordergrund steht. Viel sinnvoller ist eine kritische Reflexion der Gegebenheiten und mögliche Strategien bzw. Verhaltensweisen, um neue Perspektiven zu entwickeln. Entwickeln Sie auf diese Weise Motivation und Gelassenheit, denn wir brauchen gesunde und zufriedene Lehrer.

Wichtig ist auch, dass Sie Ihr privates Leben und Ihre Ausbildung in ein gesundes Gleichgewicht bringen. Auch wenn die Ausbildung anstrengend ist und sich für eine gewisse Zeit alles um Schule, Seminar und Unterricht dreht, sollten Sie Ihre privaten Kontakte und Freizeittätigkeiten nicht vernachlässigen. Die Partnerschaft, die Familien oder der regelmäßige Sport und eine gesunde Ernährung sind wichtige Kraftquellen, die Sie nutzen sollten.

Literatur

THÖMMES, ARTHUR (2013): Das Mutmach-Buch für Lehrerinnen und Lehrer. Ein Begleiter im Schulalltag. Donauwörth.

THÖMMES, ARTHUR (2016): Das Mutmach-Buch für Referendare. Ein Wegbegleiter für mehr Gelassenheit im Schul- und Seminaralltag. Donauwörth.

Entspannung: Gönnen Sie sich ab und zu Momente der Entspannung. Dazu brauchen Sie keine ausgefeilten Techniken wie etwa die Muskelentspannung nach Jacobson oder Autogenes Training. Manchmal sind schon die kleinen und schnellen Übungen hilfreich und führen zu Entspannung und Konzentration. Sie können zu Oasen im Arbeitsalltag werden.

- **Abschütteln:** Schütteln Sie im Stehen den ganzen Körper für einige Minuten ab, die Beine, die Arme, die Hüften und alles, was Sie bewegen können. Schütteln Sie so die belastenden Gedanken und den Ärger ab. Atmen Sie dabei kräftig aus.
- **Auszeit:** Setzen Sie sich bequem hin. Schließen Sie die Augen und atmen Sie ruhig ein und aus. Schalten Sie alle Gedanken, die Sie belasten, nach und nach aus. Spüren Sie nur sich und den Atem.
- **Entspannung:** Spannen Sie beide Fäuste, das Gesicht und das Gesäß an, zählen Sie bis fünf und lassen Sie die Anspannung mit einem heftigen Ausatmen wieder los. Wiederholen Sie die Übung mehrmals. So können Sie auch gezielt bestimmte

Muskelpartien an- und entspannen (z. B.: Schultern hochziehen, Zähne zusammenbeißen, Stirn runzeln, Oberschenkel anspannen, Augen zukneifen).

- **Pausengang:** Nutzen Sie Pausen und Freistunden zur ganzheitlichen Erholung. Dabei ist es sinnvoll, wenn Sie sich vom Arbeitsplatz wegbewegen. Gehen Sie ruhig und gelassen und atmen Sie tief ein und aus. Beobachten Sie dabei ebenfalls in aller Ruhe Ihre Umgebung. Setzen Sie sich ab und zu hin und verweilen Sie dort in Ruhe.
- **Fantasiereise:** Wir Menschen können uns mit der Kraft unserer Gedanken in neue Welten versetzen. Nehmen Sie eine für Sie bequeme Haltung ein und schließen Sie die Augen. Werden Sie ruhig und versetzen Sie sich in Gedanken in eine angenehme Situation oder an einen schönen Ort. Benutzen Sie dabei alle Sinne zur Wahrnehmung. Öffnen Sie nach der Übung vorsichtig die Augen und kommen Sie wieder zurück in die Realität.
- **Fernblick:** Vor allem bei anstrengender Computerarbeit sollten Sie öfter kurze Pausen einlegen. Stellen Sie sich vor ein geöffnetes Fenster und atmen Sie tief durch. Bewegen Sie dabei in aller Ruhe Arme und Beine. Strecken Sie sich und gehen Sie in die Hocke. Wenn die Arbeit am Monitor für die Augen anstrengend wird, schauen Sie einige Minuten aus dem Fenster und fixieren Sie dabei einen Punkt in der Ferne.
- **Gähnen:** Gähnen hat eine sehr entspannende Wirkung. Außerdem lockert es das Zwerchfell und die Gesichts- und Nackenmuskulatur. Suchen Sie sich also einen unbeobachteten Ort und gähnen Sie mehrmals kräftig und intensiv.
- **Wutableiter:** Wut braucht ein Ventil, denn sie ist schlecht für Körper und Seele. Suchen Sie sich für die Übung einen ungestörten Ort. Setzen Sie sich oder legen Sie sich hin und denken Sie zunächst an die Begebenheit, die Sie wütend gemacht hat. Spannen Sie dabei Hände und Füße an. Sagen Sie alles, was Sie gerade denken und fühlen. Lassen Sie Ihre Wut heraus und machen Sie Ihrem Ärger Luft. Stellen Sie sich anschließend hin und schütteln Sie Hände und Füße aus.
- **Loslassen:** Setzen Sie sich auf einen Stuhl und legen Sie die Hände mit den Handflächen nach oben auf die Oberschenkel. Schließen Sie die Augen und entspannen Sie. Wiederholen Sie mehrmals bewusst und in Ruhe den Satz: „Ich bin entspannt und lasse los!“ Bleiben Sie danach noch eine Weile mit geschlossenen Augen sitzen.

Konfliktmanagement: Auch der Schul- und Seminaralltag ist nicht frei von Konflikten, die belastend sein können und die Zusammenarbeit erschweren. Schon im Vorfeld können präventive Maßnahmen hilfreich sein, damit Konflikte nicht erst entstehen. Um einer Eskalation und Frustration entgegenzutreten, ist ein kluges Konfliktmanagement mit entsprechenden Maßnahmen hilfreich. Dazu ist es wichtig, gesprächsbereit und lösungsorientiert zu bleiben. Entwickeln Sie ein persönliches Repertoire an Konflikt- und Problemlösungsstrategien.

Manchmal handelt es sich nur um gekränkte Eitelkeiten und persönliche Verstimmungen, die bereits durch ein klärendes Gespräch zur Zufriedenheit aller Beteiligten geklärt werden können. Nicht immer ist ein Zurückstecken und eine falsch verstandene Harmonie hilfreich. Eine konstruktive Konfliktbearbeitung muss manchmal durch professionelle Methoden (z. B. Konfliktberatung, Mediation, Supervision, gewaltfreie Kommunikation) erfolgen.

Auch in der Ausbildungssituation hat das Thema viel mit Macht und Ohnmacht zu tun. Wenn die Konflikte dabei eskalieren, kann dies nicht nur die Zufriedenheit, sondern auch die Arbeitsatmosphäre, die Produktivität und Motivation beeinflussen. Also beugen Sie präventiv vor!

Zeit- und Selbstmanagement: Die Bücher und Unterlagen stapeln sich im Arbeitszimmer. Klassenarbeiten und unfertige Unterrichtsvorbereitungen liegen verstreut auf dem Boden. Und da ist noch die Sache mit den vielen Zetteln, auf denen die unerledigten Aufgaben und Termine vermerkt sind. Die Gefahr, im Chaos zu versinken, ist groß. Gefragt ist somit ein effektives Zeit- und Selbstmanagement, um dem Chaos und dem damit verbundenen Frust vorzubeugen. Dazu nur einige Stichworte, die Sie aufgreifen und für sich persönlich vertiefen können: Entschleunigung, Entspannung, Problembewältigung, Zeitdiebe, optimale Zeitplanung, Arbeitsplatzorganisation, Work-Life-Balance, persönliche Lebens- und berufliche Laufbahnplanung, Planungsmethoden, Prioritäten setzen, Stärken und Schwächen im Arbeitsverhalten, Konzentration auf das Wesentliche. Wer will, findet Wege! Wer nicht will, findet Gründe!

Kollegiale Fallberatung: Etwa sechs bis acht Kollegen treffen sich regelmäßig, um sich gegenseitig in einer offenen und wertschätzenden Atmosphäre bei Problemen im Schulalltag zu beraten und gemeinsam über Problemlösungen nachdenken? Um sich nicht in langen Diskussionen zu verlieren, ist die Kollegiale Fallberatung nach

Phasen gegliedert, die in dieser Abfolge einzuhalten sind. Es handelt sich um ein strukturiertes Gespräch. Beim ersten Treffen kann ein kompetenter Moderator in die Methode einführen, danach kann diese Rolle abwechselnd von den Gruppenmitgliedern übernommen werden.

Es geht letztlich darum, sich selbst immer wieder für den Schulalltag zu motivieren und zu begeistern. Der Rat ist für die Fallgeber nicht verbindlich, sie können sich nehmen, was sie brauchen. Die Schritte der Kollegialen Fallberatung sind:

1. **Organisatorisches:** Wer leitet die Sitzung? Wer bringt ein Problem ein? Dabei geht es um Dringlichkeit und den exemplarischen Charakter für alle Teilnehmerinnen und Teilnehmer (TN).
2. **Fallbeschreibung:** Ein TN berichtet von einem Problem und formuliert eine Fragestellung. Das erleichtert die Klärung des Falles.
3. **Klärung:** Zur Verdeutlichung des Problems können die Teilnehmer Verständnis- und Informationsfragen stellen. Diese werden kurz beantwortet und nicht diskutiert.
4. **Lösungsvorschläge:** Die TN stellen Ideen vor, wie das Problem gelöst werden könnte. Diese sollten nicht wertend sein, sodass eine Vielzahl von möglichen Lösungen zur Verfügung steht. Auch hierbei wird nicht diskutiert. Methodisch ist auch ein Perspektivenwechsel möglich, bei dem sich die TN in die Rollen der beteiligten Personen versetzen und sich in deren Sinn äußern (Ich als Kollege, Ich als Schülerin).
5. **Lösungsbewertung:** Der Fallgeber nimmt Stellung zu den Lösungsvorschlägen. Er entscheidet, was er tun will.
6. **Abschluss:** Die TN berichten in einem Blitzlicht, wie es ihnen ergangen ist und wie zufrieden sie mit den Lösungsvorschlägen sind und was sie mitnehmen. Pro Sitzung können etwa zwei bis drei Fälle besprochen werden.

Mein persönliches Leitbild

Als Lehrer sind wir ständig in Gefahr, uns im Dickicht der täglichen Anforderungen und Rollenerwartungen zu verfangen. Daher ist es wichtig, eine Struktur, einen roten Faden, in unser persönliches und berufliches Leben zu bringen. Die Formulierung eines persönliches Leitbildes, in dem die Grundsätze und das persönliche Handeln reflektiert werden, kann Klarheit und Verbindlichkeit schaffen. Es fordert dazu auf, nach innen zu schauen und die persönlichen Werte, Prinzipien und Ziele in den Blick zu nehmen.

Als Religionslehrer möchte ich …

Als Religionslehrer muss ich …

Als Religionslehrer brauche ich …

6 Für Jäger und Sammler

6.1 Fachliteratur

ARNOLD, OLIVER / KARSCH MANFRED (2014): Kooperatives Lernen im kompetenzorientierten Religionsunterricht. Göttingen.

BOSOL, IRIS BOSOL / KLIEMANN, PETER (2003) (Hrsg.): Ach, Sie unterrichten Religion? Methoden, Tipps und Trends. Stuttgart.

BOVET, GISLINDE / HUWENDIEK, VOLKER (2008) (Hrsg.): Leitfaden Schulpraxis. Pädagogik und Psychologie für den Lehrberuf. 6. überarb. Aufl. Berlin.

BURRICHTER, RITA / GÄRTNER, CLAUDIA (2014): Mit Bildern lernen: Eine Bilddidaktik für den Religionsunterricht. München.

GANDLAU, HARRIET (2014): Wie Religion unterrichten?: Grundlagen und Bausteine für einen qualifizierten Unterricht. München.

HILGER, GEORG u. a. (2010) (Hrsg.): Religionsdidaktik. Ein Leitfaden für Studium, Ausbildung und Beruf. München.

KALDEWEY, RÜDIGER / NIEHL, FRANZ W. (2009): Die Bibel für Schüler lebendig machen: Motivierende Ideen und Methoden zur Bibelarbeit. München.

LINDNER, HEIKE (2002): Kompetenzorientierte Fachdidaktik Religion: Praxishandbuch für Studium und Referendariat. Stuttgart.

MENDL, HANS (2011): Religionsdidaktik kompakt: Für Studium, Prüfung und Beruf. München.

MICHALKE-LEICHT, WOLFGANG (2011): Kompetenzorientiert unterrichten: Das Praxisbuch für den Religionsunterricht. München.

NIEHL, FRANZ W. (2006): Bibel verstehen: Zugänge und Auslegungswege. Impulse für die Praxis der Bibelarbeit. München.

OBST, GABRIELE (2015): Kompetenzorientiert Lehren und Lernen im Religionsunterricht. Göttingen.

PFISTER, STEFANIE / ROSER, MATTHIAS (2015): Fachdidaktisches Orientierungswissen für den Religionsunterricht: Kompetenzen – Grenzen – Konkretionen. Stuttgart.

RENDLE, LUDWIG (2007) (Hg.): Ganzheitliche Methoden im Religionsunterricht (Neuausgabe). München.

RIEGEL, ULRICH (2014): Religionsunterricht planen. Ein didaktisch-methodischer Leitfaden für die Planung einer Unterrichtsstunde. Stuttgart.

SCHMID, HANS (1997): Die Kunst des Unterrichtens. Ein praktischer Leitfaden für den RU. (Sehr stark praxis- und handlungsorientierter Ansatz mit deutlicher Distanz zu Theoriebildung und Großkonzeptionen. Gut geeignet für die erste Annäherung an das Unterrichten.)

SCHMID, HANS (2008): Unterrichtsvorbereitung - eine Kunst. Ein Leitfaden für den Religionsunterricht. München.

SIGG, STEPHAN (2016): Die Bibel für Schüler lebendig machen. Motivierende Ideen und Methoden zur Bibelarbeit. Mühlheim/Ruhr.

ZIMMERMANN, MIRJAM / ZIMMERMANN RUBEN (2013): Handbuch Bibeldidaktik. Stuttgart.

6.2 Hilfreiche Adressen im Internet

Katholische und Evangelische Kirche

- Katholische Kirche in Deutschland: www.katholisch.de
- Evangelische Kirche in Deutschland: www.ekd.de
- Katholisches Bibelwerk e. V., Stuttgart: www.bibelwerk.de
- Kirche ans Netz: www.kircheansnetz.de
- Kirche und Theologie im Web: www.theology.de
- Evangelische Zentralstelle für Weltanschauungsfragen: www.ezw-berlin.de

Religionspädagogische Institutionen

- Religionspädagogisches Portal der katholischen Kirche: www.rpp-katholisch.de
- Institut für Religionspädagogik Freiburg: www.irp-freiburg.de
- Institut für berufsorientierte Religionspädagogik (KIBOR): www.uni-tuebingen.de/fakultaeten/katholisch-theologische-fakultaet/lehrstuehle/katholisches-institut-fuer-berufsorientierte-religionspaedagogik-kibor/institut.html
- Evangelisches Institut für Berufsorientierte Religionspädagogik Tübingen: www.eibor.de
- Religionspädagogische Plattform im Internet: www.rpi-virtuell.net
- Institut für Lehrerfortbildung Gars: www.ilf-gars.de
- Religionspädagogisches Institut Loccum: www.rpi-loccum.de
- Religionspädagogische Institute der EKD: www.relinet.de

- Comenius Institut: www.comenius.de
- Deutscher Katecheten-Verein e. V.: www.katecheten-verein.de
- Evangelische Zentralstelle für Weltanschauungsfragen: www.ezw-berlin.de/html

Zeitschriften

- :in Religion: www.buhv.de/unterrichtsmaterial
- BRU – Magazin für den Religionsunterricht in Berufsbildenden Schulen: www.bru-magazin.de
- Christ in der Gegenwart. Zeitschrift für Religion, Glaube, Spiritualität, Gesellschaft: www.christ-in-der-gegenwart.de
- CI-Informationen – Mitteilungen aus dem Comenius-Institut: https://comenius.de/Comenius-Institut/ci-informationen.php
- Diakonia – Internationale Zeitschrift für die Praxis der Kirche: www.diakonia-online.net
- entwurf-online: www.friedrich-verlag.de
- forum religion – zur Praxis des Religionsunterrichts: www.rpi-ekkw-ekhn.de
- Glaube und Erziehung – Zeitschrift für christliche Erziehung: www.eleg-online.de
- Herder Korrespondenz – Monatsheft für Gesellschaft und Religion: www.herder-korrespondenz.de/die-zeitschrift
- Katechetische Blätter: www.fachzeitschriften-religion.de/katechetische-blaetter
- ku-praxis – Entwürfe, Modelle, Aufsätze: www.fachzeitschriften-religion.de/ku-praxis
- Magazin für Kunst, Kultur und Musik: www.theomag.de
- Rabs – Religionspädagogik an berufsbildenden Schulen: www.v-k-r.de/rabs
- Religion betrifft uns, aktuelle Unterrichtsmaterialien: www.buhv.de/sekundarstufe_ii/Religion-betrifft-uns
- Religion 5 bis 10, Themen – Unterrichtsideen: ww.friedrich-verlag.de/sekundarstufe/religion-und-ethik
- Religionspädagogische Praxis RPP: www.rpa-verlag.de/unternehmen/rpp-heute
- RelliS – Religion lehren und lernen in der Schule, Zeitschrift für den katholischen Religionsunterricht: www.bkrg.de/2016/08/verbandszeitschrift

- Religionspädagogische Beiträge: Zeitschrift der Arbeitsgemeinschaft Katholische Religionspädagogik und Katechetik (AKRK): http://akrk.eu/religionspaedagogische-beitraege
- Reliprax: Religionspädagogisches von der Praxis für die Praxis: www.reliprax.de
- sinnstiftermag: http://sinnstiftermag.de
- Stimmen der Zeit – Die Zeitschrift für christliche Kultur: www.stimmen-der-zeit.de
- theophil: http://theophil-online.de
- Theo-web: www.theo-web.de
- Unterwegs [Elektronische Ressource], die Mitgliederzeitung des Deutschen Katecheten-Vereins: www.katecheten-verein.de/de/ueber-uns-dkv/unterwegs

Hinweis: Viele Bistümer geben Zeitschriften für Religionslehrer heraus mit interessanten Beiträgen und Materialien für den Unterricht. Zum Teil sind diese online komplett abrufbar. Eine Auflistung finden Sie hier: www.fundgrube-religionsunterricht.de/149.html

Unterrichtsmaterialien

- www.4teachers.de
- www.reinerjungnitsch.de
- www.reli-power.de
- www.rpi-virtuell.net
- www.fundgrube-religionsunterricht.de
- www.reli-mat.de/seiten/unterrichtsmaterial/themen.htm
- www.rpi-virtuell.net/material
- www.reliki.de
- www.theology.de
- relilex.de
- schuldekan-schorndorf.de
- www.seminar-r.de
- www.relispiele.at
- www.zum.de/Faecher/kR/BW/frthemen.htm

- www.bildungsserver.de → Onlineressourcen und Projekte → Schule → sozialkundlich-philosophische Fächer – Onlineressourcen: Religion
- www.rpi-ekkw-ekhn.de
- www.rpp-katholisch.de/Materialien
- www.reli.ch
- http://lbib.de/index_religion.php
- www.lehrer-online.de

Link-Sammlungen

- www.comenius.de/biblioinfothek/linkszss.php
- www.reli-links.de
- www.reli-power.de/10-links-fuer-reli-unterrichtsmaterial/
- www.uni-bielefeld.de/(en)/theologie/links/links_religionspaedagogik.html
- www.egon-spiegel.net/links/religionspaedagogik

Besondere Themenseiten

- Das Glücksarchiv: www.gluecksarchiv.de
- Ministerium für Glück und Wohlbefinden: http://ministeriumfuerglueck.de
- Das etwas andere Kirchenlexikon: www.ndr.de/kirche/kirchenlexikon
- Die Gewissensfrage: http://sz-magazin.sueddeutsche.de/texte/liste/l/10
- 200 Jahre Christentum: www.katholisch.de/video/serien → geschichte-2000-jahre-christentum
- Stammzellforschung: www.zellux.net
- 3MC - 3 Minute Catechism: www.3mc.me/de/index_de.html
- Online-Glaubenskurs http://www.online-glauben.de/de/
- Organspende: www.bzga.de/infomaterialien/unterrichtsmaterialien/nach-schulform/?idx=2050
- Jenseitsvorstellungen in den Religionen: http://textmaterial.blogspot.de/2012/11/jenseitsvorstellungen-in-den-religionen.html
- Wissenspool Religionen der Welt: www.planet-schule.de/wissenspool/weltreligionen → Inhalt → Sendungen

Register